Curso de narrativa en videojuegos

Curso de narrativa en videojuegos

José A. Corbal

La ley prohíbe fotocopiar este libro

Curso de narrativa en videojuegos
© José A. Corbal
© De la edición: Ra-Ma 2017
© De la edición: ABG Colecciones 2020

MARCAS COMERCIALES. Las designaciones utilizadas por las empresas para distinguir sus productos (hardware, software, sistemas operativos, etc.) suelen ser marcas registradas. RA-MA ha intentado a lo largo de este libro distinguir las marcas comerciales de los términos descriptivos, siguiendo el estilo que utiliza el fabricante, sin intención de infringir la marca y solo en beneficio del propietario de la misma. Los datos de los ejemplos y pantallas son ficticios a no ser que se especifique lo contrario.

RA-MA es marca comercial registrada.

Se ha puesto el máximo empeño en ofrecer al lector una información completa y precisa. Sin embargo, RA-MA Editorial no asume ninguna responsabilidad derivada de su uso ni tampoco de cualquier violación de patentes ni otros derechos de terceras partes que pudieran ocurrir. Esta publicación tiene por objeto proporcionar unos conocimientos precisos y acreditados sobre el tema tratado. Su venta no supone para el editor ninguna forma de asistencia legal, administrativa o de ningún otro tipo. En caso de precisarse asesoría legal u otra forma de ayuda experta, deben buscarse los servicios de un profesional competente.

Reservados todos los derechos de publicación en cualquier idioma.

Según lo dispuesto en el Código Penal vigente, ninguna parte de este libro puede ser reproducida, grabada en sistema de almacenamiento o transmitida en forma alguna ni por cualquier procedimiento, ya sea electrónico, mecánico, reprográfico, magnético o cualquier otro sin autorización previa y por escrito de RA-MA; su contenido está protegido por la ley vigente, que establece penas de prisión y/o multas a quienes, intencionadamente, reprodujeren o plagiaren, en todo o en parte, una obra literaria, artística o científica.

Editado por:
RA-MA Editorial
Madrid, España

Colección American Book Group - Informática y Computación - Volumen 13.
ISBN No. 978-168-165-712-7
Biblioteca del Congreso de los Estados Unidos de América: Número de control 2019935032
www.americanbookgroup.com/publishing.php

Maquetación: Antonio García Tomé
Diseño de portada: Antonio García Tomé
Arte: Vectorpouch / Freepik

A Elisa S.

ÍNDICE

CAPÍTULO 1. VIDEOJUEGOS EN RETROSPECTIVA 11
    1.1   LOS AÑOS OCHENTA V1.0 11
    1.2   HACIA LOS NOVENTA 12
    1.3   LOS COMIENZOS DEL MILENIO 15
    1.4   PRIMERA DÉCADA DEL SIGLO XXI 16
    1.5   ¡JUGUEMOS! 18

CAPÍTULO 2. ROLES DE DESARROLLADOR Y JUGADOR 19
    2.1   DIÁLOGO ENTRE EL JUGADOR Y EL PROGRAMADOR 22

CAPÍTULO 3. ELEMENTOS BÁSICOS DE NARRATIVA 25
    3.1   ACTOS 26
    3.2   PROTAGONISTA 28
    3.3   ANTAGONISTA 30
    3.4   HISTORIA 32
            3.4.1   Narrativa lineal 33
            3.4.2   Narrativa interactiva 34
    3.5   DIÁLOGO 42
            3.5.1   Diálogo indirecto 42
            3.5.2   Diálogo dirigido al jugador-actor 43
            3.5.3   Diálogo dirigido al jugador-espectador 44

CAPÍTULO 4. NARRATIVA SEGÚN GÉNERO 45
    4.1   AVENTURAS CONVERSACIONALES 45
            4.1.1   Objetos 49
            4.1.2   Diálogos 49
            4.1.3   Diseño 51
            4.1.4   Dificultad 53
            4.1.5   Gráficos complementarios 55

4.2   AVENTURAS GRÁFICAS 57
    4.2.1   Personajes 58
    4.2.2   Dificultad 61
    4.2.3   Historia antes del juego 63
    4.2.4   Diálogo 64
4.3   ACCIÓN Y AVENTURA 66
4.4   COMBATE EN PRIMERA PERSONA (*FPS*) 70
    4.4.1   Hilo argumental y personajes 71
    4.4.2   Eventos dinámicos 80
4.5   PLATAFORMAS 81
    4.5.1   Narrativa 81
    4.5.2   Caso de ejemplo: exploración y narrativa en *Metroid* 82
    4.5.3   Sector de audiencia 83
    4.5.4   Diseño de niveles 84
    4.5.5   Personajes no jugadores 87
4.6   ESTRATEGIA 88
    4.6.1   Equilibrio entre equipos homogéneos 89
    4.6.2   Equilibrio entre equipos heterogéneos 90
    4.6.3   Narrativa 91
4.7   ROMPECABEZAS 93
    4.7.1   ¿Cuándo añadir una historia? 96
    4.7.2   Puzles y aventura 97
4.8   SIMULACIÓN 99
4.9   CARRERAS DE VEHÍCULOS 102
4.10 ROL (*RPG*) 104
    4.10.1 Narrativa 105
    4.10.2 Riesgo 108
    4.10.3 Habilidades 110
    4.10.4 Misiones 112
    4.10.5 Diálogo 114
    4.10.6 Juegos *roguelike* 115
4.11 CINEMATOGRAFÍA CUASI INTERACTIVA 118

CAPÍTULO 5. VIDEOJUEGOS INDEPENDIENTES 125
5.1   COMPONENTES ARTÍSTICOS 125
5.2   ¿QUÉ LOS HACE DIFERENTES? 127
5.3   DIFERENCIAS EN LA NARRATIVA 128

CAPÍTULO 6. EMOCIONES Y CATARSIS 131
6.1   PROYECCIÓN SOCIAL Y PERSONAL 133
    6.1.1   Diferencias con la cinematografía cuasi interactiva 151
    6.1.2   Conclusión 151

CAPÍTULO 7. UNA COMUNIDAD CIBERNÉTICA 153
    7.1   MULTIJUGADOR 153
    7.2   RETRANSMISIÓN DE PARTIDAS 155
    7.3   NUEVO ROL CONTEMPORÁNEO: JUGADOR-AUDIENCIA ... 160
    7.4   COMUNIDAD DESARROLLADORA 161
    7.5   RETOS 162

GLOSARIO 165

ACRÓNIMOS 167

LUDOGRAFÍA 169

REFERENCIAS 173

ÍNDICE ALFABÉTICO 175

1
VIDEOJUEGOS EN RETROSPECTIVA

1.1 LOS AÑOS OCHENTA V1.0

Las máquinas recreativas dominaban toda la industria. Hoy todo el mundo tiene un computador en su bolsillo del que descargar aplicaciones, ya sean de ocio o productividad, pero entonces muy poca gente disponía de una consola. La técnica de mercado era simple: hacer juegos adictivos donde jugar una partida era relativamente barato, pero la dificultad se incrementaba según un patrón malthusiano, esto es, las características, atributos y ventajas del jugador aumentaban en progresión aritmética mientras que la dificultad del mundo donde transcurría toda la acción lo hacía geométricamente. Esto da como resultado que la infame pantalla de «GAME OVER» sea la más vista y temida por el jugador.

Los finales de juego implicaban verse obligado a recomenzar la partida forzando a jugadores a repetir los niveles más fáciles y sin poder practicar los más complicados. Esto lleva a la frustración del jugador en muchos casos, pero fue la clave también de la generación de una subcultura donde la información sobre las pantallas del juego era muy valiosa. La cantidad de puntos era lo que distinguía una buena partida de una no tan buena, y se ofrecía como mérito que el jugador añadiese su nombre a la lista de altas puntuaciones.

Aunque las primeras computadoras que invadieron los hogares se vendían como herramientas de trabajo, y mucha gente no las viese más que como una extensión electrónica de máquinas de escribir, no se tardó en aprovechar la circuitería para portar o vender los primeros juegos. Para cuando llegaron los primeros sistemas a los hogares, la fórmula ya estaba servida, y la mayor parte de los títulos que se portaban a estas consolas eran versiones degradadas en tecnología de los mismos títulos que se encontraban en los salones recreativos. Con esto, cuando se diseñaban videojuegos, siempre se hacía sobre el sistema de búsqueda de una meta muy difícil de conseguir y número limitado de intentos (vidas) que hoy ha desaparecido en su mayor parte — con la excepción de este surgimiento de juegos *indie* a imagen y semejanza de los originales.

A principios de los ochenta, fue Sierra On-Line la que se convirtió en pionera en el género de aventuras continuando la herencia de *Mystery House* (1980) para el Apple II, primera aventura gráfica al tiempo que el primer juego de esa compañía. Sus aventuras dispuestas en sagas estaban diseñadas por motores conversacionales, y no cabe duda de que desde esta década hasta mediados de la siguiente cambiaron el curso de la historia en lo que al desarrollo de videojuegos se refiere.

Fueron juegos como *Super Mario Bros.* (1985) los que provocaron un giro en el desarrollo. La dificultad progresiva a lo largo de los niveles se mantenía, pero se añadieron facilidades para el jugador: todas las pantallas estaban llenas de monedas de recolección optativa y no era necesario eliminar a todos los enemigos, pero haciéndolo se obtenían recompensas en forma de más vidas que alargaban la duración de la partida. Al ser un juego orientado para consolas no era preciso diseñado a que el jugador insertase más dinero.

1.2 HACIA LOS NOVENTA

Se exploran nuevos géneros en una época de expansión tecnológica.

Al cobrar importancia las aventuras gráficas de finales de los ochenta y principios de los noventa, sobre todo las archiconocidas de LucasArts (por aquel entonces Lucasfilm Games), se le ha ido dando más importancia a la interacción directa del jugador con el entorno en lugar de lo contrario. Cierto es que, dada las limitaciones técnicas de la época y el desinterés o desconocimiento de aplicar algoritmos de inteligencia artificial que ya llevaban siendo ignorados desde antes de los años cincuenta, como las redes neuronales (aunque fueron perfeccionadas precisamente en los ochenta), hicieron que la industria se decantase por vender un producto resultado de la clásica conceptualización de juegos y asociada a la causa y el efecto donde al jugador se le veía como única causa y el efecto solo era una consecuencia de cada una de sus acciones.

En sus primeras aventuras como *Maniac Mansion* (1987) — la primera en poner en práctica su motor SCUMM (*Script Creation Utility for Maniac Mansion*) —, la historia es lineal y todas las variaciones derivan de la posibilidad de hacer estos o aquellos puzles según la habilidad de los personajes que podían ser elegidos (salvo el protagonista) antes de comenzar la partida. En una de las más exitosas aventuras,

Indiana Jones and the Last Crusade (1989), se tomó un giro diferente. A pesar de tener que estar basado en la película limitando por necesidad evidente el transcurso de la historia, el Dr. Jones, al igual que los personajes de la aventura anterior, son vulnerables y por tanto mortales. No tendría sentido representar las aventuras de Indiana si no existe cierto riesgo ni cierto peligro, ya que su vida cinematográfica no puede existir sin esos conflictos que atentan contra su vida o la de los suyos.

Al año siguiente se lanzó *The Secret of Monkey Island* (1990) con una variación en su fórmula que se convirtió en la firma de los productos de LucasArts. El personaje está fuera de todo peligro y solo sujeto al riesgo de no saber continuar, y es por esto exactamente que el mundo donde se encuentra, aunque no es muy diferente al de productos anteriores, se aprecia más en pausa. El tiempo no transcurre porque son aventuras espaciales, es decir, lo que importa es el lugar en el que transcurre la aventura, para salvar al jugador de una muerte por inacción o por aprovechar el tiempo del mundo real para planificar el curso de acción mientras el tiempo de juego queda inmóvil. Esto fue la causa de la necesidad de trabajar por mejorar las historias, ya que es lo único que mantenía al jugador frente al monitor.

Con el tiempo y el avance de la tecnología, en la tercera entrega, *The Curse of Monkey Island* (1997), el reloj de la plaza principal sí modificaba sus agujas, y lo hacía leyendo el reloj del sistema, y hasta sonaba en consecuencia en los cuartos y las horas punta, pero el estatismo continuo que configura estos mundos seguía vigente.

Por el contrario, en las aventuras de Sierra On-Line, el riesgo siempre está servido, y es utilizado curiosamente como forma para contar la aventura. Hay una sola forma de hacer las cosas bien (por lo general), pero mientras en las aventuras de LucasArts solo se obtienen mensajes de corte frustrante como un repetitivo «no puedo hacer eso», en las de Sierra se abre un mundo de posibilidades infinito donde es obligatorio haber programado cada una de las secuencias de fallecimiento que luego tendrían como consecuencia una parte del factor cómico.

Aun así, ese riesgo, más allá del umbral de la frustración, se convierte en un desafío que el jugador debe superar. Intercalando escenas de acción con la resolución de puzles, a veces con calma perpetua, otras a un ritmo contrarreloj, en ocasiones en mundos estáticos de tiempo eterno y en otras siendo testigo de la temporalidad, la inmersión en las aventuras superaba a muchas de las actuales.

Pero el gran éxito de Sierra fue el balance tan acertado entre las capacidades tecnológicas de la época y otros elementos artísticos, como las bandas sonoras tan memorables que siguen siendo descargadas[1], o las referencias dedicadas a

---

1   The QuestStudios Archive (*MIDI Music Adventure Show*): <http://www.midimusicadventures.com/queststudios/>.

una audiencia muy particular. Existía una conexión entre los jugadores y los programadores que llevó a hacer de Sierra la compañía que cambió, sin lugar a dudas, el curso de la historia de las aventuras, marcando la transición entre la ficción interactiva y las aventuras gráficas. Lástima que los primeros motores de interacción gramatical, todos los AGI (*Adventure Game Interpreter*) y la primitiva versión de SCI (*Sierra's Creative Interpreter*), limitase su extensión de forma global por la dificultad a la hora de realizar una traducción. Fue su punto más fuerte por permitir una increíble flexibilidad a la hora de involucrarse para resolver cada puzle, y a su vez lo que limitó su distribución a países anglosajones. No fue hasta 1990 en la siguiente versión de SCI cuando se sustituyó la interfaz de órdenes por el en aquel entonces novedoso ratón. Habiendo liberado al jugador de la inserción de peticiones, y haciendo honor al nuevo sistema de «apuntar y cliquear» (*point & click*), las traducciones de los textos predefinidos permitieron que esta compañía fuese conocida en otros países. Por desgracia, para esas fechas, Lucasfilm Games ya se había hecho un nombre en tierras extranjeras.

A finales de 1998 es lanzado *Half-Life*, de corte más cinematográfico, también marcando un hito solo comparable al de los posteriores títulos de Rockstar Games, creando un universo que sería ampliado por las expansiones *Opposing Force* (1999) y *Blue Shift* (2001) que recontaban la misma historia desde puntos de vista diferentes ofreciendo más consistencia a la aventura. Pero para entonces, Ken y Roberta Williams — fundadores originales — ya habían comenzado a emprender su viaje hacia nuevos horizontes fuera de la compañía.

Los juegos de disparos en primera persona (en inglés *First-Person Shooters*, o por sus siglas *FPS*) se hacen con gran parte del mercado. Simulaciones de asesinato que sin precedentes tienen un gran éxito debido a su extrema capacidad de adicción. De hecho, el primero de este género fue *Maze Wars* (1974), pero dado que se encontraba en un estado muy primitivo de desarrollo, su forma de juego fue más utilizada para los juegos de rol (en inglés *Role-Playing Game* o *RPG*) y el tipo de juego no se puso de moda masivamente hasta que en 1993 se lanzase *Doom*. Quizá su éxito se debió a la controversia generada por su violencia y temática, pero fue tan enorme la adicción que este juego generó al manejar a un marine luchando contra fuerzas infernales, que desde entonces este tipo de juegos se conocen como «juegos tipo *Doom*». Con esto se necesitan mejorar las tres dimensiones, y a falta de poder hacerlo de la forma tan natural como la contemporánea, se utilizaban subterfugios como las empleadas por id Software para este mismo juego y posteriores de la misma compañía dando un gran salto con respecto a la tecnología de *Wolfenstein 3D* (1992). En estos juegos las tres dimensiones son solo una ilusión, y las primeras versiones de estos motores idTech se conocen como de gráficos en «dos dimensiones y media», pero sobre su desarrollo se inició el estudio de los gráficos que de los que hoy disponemos.

1.3 LOS COMIENZOS DEL MILENIO

En esta etapa las consolas ya dominaban el mercado por encima de los videojuegos para ordenadores personales. La mayor parte de los programadores contemporáneos de juegos independientes estaban en esta época en la universidad — probablemente matriculados en ingeniería informática — y también en su mayor parte, no eran consumidores de los nuevos títulos. En otras palabras, se estancaron en el pasado. Siendo la tecnología de avance tan rápido, no existe el concepto de nostalgia como antaño, donde un anciano recuerda sus tiempos de juventud pensando en lo que había medio siglo atrás. Con tanta celeridad la nostalgia surge en un tiempo menor a dos décadas. No es raro que cuando comenzaron a desarrollar, lo hiciesen con añoranza de su niñez, y por esto que comenzó una nueva época donde lo retro se desentendía del camino hacia lo *vintage* y volvía a ser moderno.

El avance tecnológico en la telefonía móvil dio lugar a que este se pudiese utilizar como una clásica consola portátil de videojuegos del estilo de la Game Boy llegada a Europa en 1990, pero su limitación gráfica por utilizar un procesador no apto inicialmente para juegos, impide que esta industria trabaje durante estos años con grandes producciones. Es por esto que se retoman los grandes clásicos de antaño, contribuyendo a aflorar la nostalgia.

Viendo la posibilidad de mercado, empresas como Valve Corporation lanzan Steam en 2003, plataformas de distribución digital y comunidad multijugador donde pueden participar tanto corporaciones de cualquier dimensión como desarrolladores independientes. Era el soporte que programadores necesitaban para poder lanzar a un mercado sus proyectos sin depender de grandes empresas distribuidoras. Seguían produciéndose videojuegos como productos, pero la clave está en ese adjetivo nuevo que les acompañaba: independiente. No había ya lazos entre comerciales y programadores actuando como técnicos, y estos podían dar rienda suelta a su faceta artística sin restricciones.

Cuando comenzaron a crear lo hicieron de una manera personal, pero en general, con una faceta en común: recuperar la estética de su infancia, la de los años ochenta. En lugar de innovar se recuperó el estilo que existía antes de que grandes industrias tomasen el control estético heredado del cinematográfico sin reparar que originalmente esa estética era así por las limitaciones técnicas de antaño. Se convirtieron los píxeles representativos de una tecnología escasa en la estética que representaba lo independiente, lo personal y lo único, clamando un tiempo que fue, un pasado que se materializa en un presente.

1.4 PRIMERA DÉCADA DEL SIGLO XXI

Aquí surgen de forma cotidiana los juegos independientes. Ya no son una rareza y las plataformas que en años anteriores se utilizaban para venderlos y promocionarlos, se han establecido con gran seguridad.

Precisamente por el avance tecnológico tan veloz, se contribuyó también al avance de los lenguajes de programación, siempre en continuo desarrollo, aunque siempre usados por un gran público décadas después. Hoy en día se puede hacer un juego de estilo clásico con una facilidad asombrosa. Las bibliotecas SDL (*Simple DirectMedia Layer*) simplifican el trabajo considerablemente, y la integración con OpenGL ofrece grandes resultados. Lo que hace dos o tres décadas habría sido una aventura de acción y supervivencia con vista cenital, simple y sin profundidad, en la época actual ofrece la oportunidad, por ejemplo, en *Teleglitch* (2013), tan solo con añadir proyecciones de muros sin siquiera textura, del mismo color que el fondo pero que permiten contemplar el paralaje, de una visión tridimensional donde solo hay un plano. Esas sombras no están realizadas con perspectiva, solo polígonos negros que mediante extrusión se alejan del personaje.

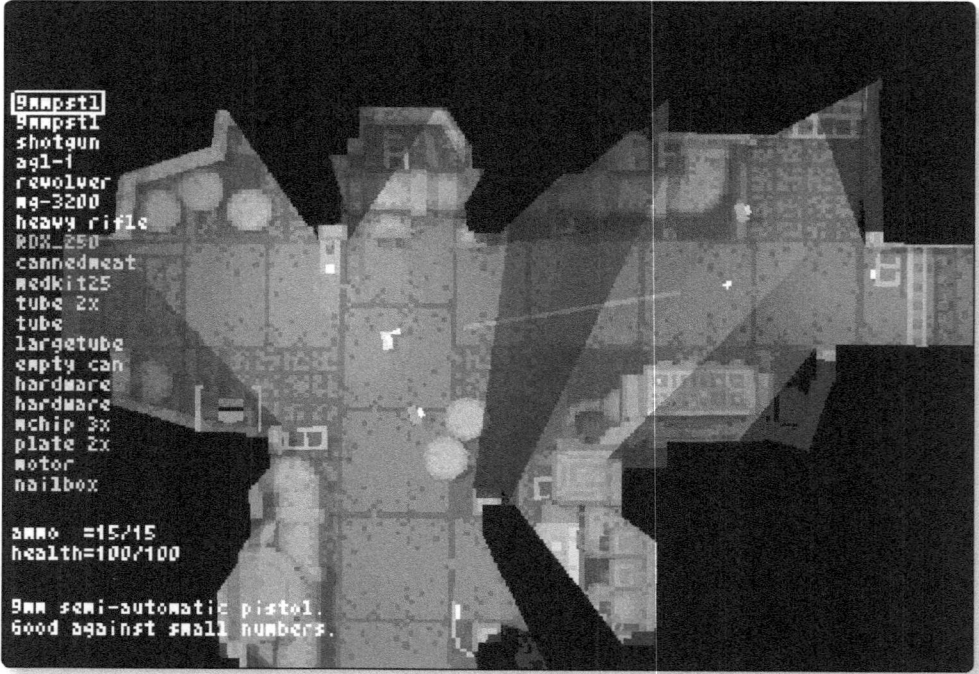

Figura 1.1. Captura de pantalla de *Teleglitch* (2013) durante una partida. Vista cenital con ilusión de profundidad y un tipo de letra matricial (*bitmap*) para conferir un aspecto todavía más retro

En 2005 se lanza por primera vez el motor Unity haciendo mucho más accesible a jóvenes programadores el desarrollo de contenidos interactivos. El secretismo de los motores más recientes de las grandes compañías y la progresiva obsolescencia de aquellos abiertos, requería que cada uno se diseñase su propio motor o se costease los altos precios de las licencias de algunas herramientas de desarrollo. De manera unificada, los desarrolladores independientes ahora cuentan con una plataforma viable. Juegos de las grandes corporaciones tan conocidos como *Kerbal Space Program* (2011), *Deus Ex: The Fall* (2013) o *Assasin's Creed: Identity* (2014) fueron desarrollados en Unity, pero también otros de desarrolladores más independientes como *Noct* (2015), *Sheltered* (2016) o *Rise & Shine* (2016).

Es en esta época donde surge *Minecraft* (2011) — programado en Java con las bibliotecas OpenGL que mencionamos — y que misteriosamente ha ido evolucionando a pasos agigantados desde sus primeras versiones a medida que decrecía la edad media de sus jugadores, y con ello los motivos que caracterizan los modos de juego. Pese a todo ello, hizo popular la temática de elaboración de objetos a partir de otros tantos, según su correcta mezcla de materiales y proporciones. Es una idea ingeniosa, ya que se pueden añadir diferentes objetos a la aventura en cada actualización bajo las condiciones de un motor permisivo en ese ámbito.

Es claro ejemplo de cómo ahora lo que prima es la aleatoriedad. Ya existían juegos *roguelike* desde los años setenta y ochenta donde los mapas y todo lo que estos contenían estaban generados aleatoriamente. La famosa saga *Diablo* lanzó su primera entrega en 1996, y aunque está catalogada en muchos listados como juego de rol, no deja de apreciarse cierta similitud con *NetHack* (originalmente lanzado en 1987 pero en continuo desarrollo). Podría decirse que es una versión comercializada de esta gran obra para la consola. Sin embargo, es ahora más que nunca, cuando lo contingente — y por tanto aquello no determinista — toma forma como elemento primordial en la experiencia de juego.

Uno de los primeros inicios de mezcla entre aventura y (falso) determinismo fueron los juegos con múltiples finales, como *Blade Runner* (1997), donde las acciones del jugador abrían algunas posibilidades y cerraban otras, provocando que se cargasen otros diálogos que llevaban a otros finales. Pero esto no deja de ser determinismo, ya que ningún personaje no jugador cambia su *modus vivendi* en función de sus necesidades, sino en función de las acciones por el protagonista jugador cuando este decide ponerlas en práctica, de forma que es capaz de dirigir la secuencia de eventos si quiere con un poco de heurística fruto de partidas anteriores.

En la serie *GTA* las ciudades ya están dispuestas, no son mapas generados aleatoriamente ni pueden ser alterados por el jugador, el entorno es fijo y la cinemática, la historia, es fundamentalmente lineal. Su triunfo, a parte de su incorrección política — y por ende estar dirigido a una audiencia adulta — es la libertad de la que goza el protagonista cuando no está realizando las misiones estipuladas para avanzar en la aventura. Esto es una forma de aleatoriedad, sin embargo, la vida los personajes que pueblan ese sistema, lejos de tener un impacto, o bien son prescindibles por ser seres de relleno para simular una ciudad; o son imprescindibles por ser requeridos para la historia que, al ser lineal, cuentan con todo su futuro ya predestinado, ocurra lo que ocurra.

1.5 ¡JUGUEMOS!

Aunque Internet ya tenía varias décadas, cuando lo integramos a nuestras vidas cotidianas generó que se crearan foros donde se discutían estrategias, y con la llegada de YouTube se empezaron a subir vídeos de partidas grabadas, al principio silenciosamente, más tarde editadas y comentadas. Surgieron espectadores para este tipo de divertimento que apartaba a una joven audiencia del televisor y la centraba en plataformas donde podía interactuar con el autor del vídeo por medio de comentarios. Se crearon canales exclusivamente con estos fines y después con comentarios y críticas o reseñas. La comunidad en la Red crecía por momentos, el juego ya no era un evento privado (aunque no fuese multijugador), sino colectivo.

Ahora los juegos se empezaron a desarrollar pensando en las necesidades de una comunidad y no de un individuo, y gracias a las capacidades unificadoras de Internet, se dan a conocer juegos por medio de jugadores a la par que se cuenta con un medio capaz de distribuir digitalmente los productos.

2

ROLES DE DESARROLLADOR Y JUGADOR

Los videojuegos surgen del ocio y fundamentalmente como medio de beneficio económico para las emergentes empresas de mediados y finales de los años setenta. Las máquinas recreativas con las que muchos crecimos en los ochenta forman parte ya de nuestro pasado y de nuestra infancia, pero también marcaron una época sin la cual el mundo tal y como lo conocemos no sería el mismo. Ahora, en la segunda década del siglo xxi, somos testigos de un resurgimiento de la década de los ochenta, pero de una manera digitalizada. Mucho de lo relacionado con la tecnología en general, pero con los videojuegos en particular, es una concepción artística reminiscente de un tiempo pasado. La versión digital de principios de este siglo de lo que en un día fueron los ochenta, pero con la ventaja de que los protagonistas de ese movimiento son los que un día — en esos años ochenta — estuvieron ahí, consumiendo videojuegos y viéndolos evolucionar día a día al mismo tiempo que meditaban para transformarse de jugadores (lectores) a programadores (escritores) de una nueva época.

Fueron antiguos gráficos pixelados, como los que representaban a los míticos invasores del espacio con intención de conquistar el mundo en la llamada «edad de oro de los videojuegos», los que están en los recuerdos de todos. Era un momento donde la imaginación del jugador se trataba de un elemento imprescindible para poder concebir historias ya que tenían un fin ya determinado a menos que el componente humano del puzle reaccionase de forma diferente. Eran tiempos en los que se requería crear videojuegos adictivos para continuar gastando monedas. El mercado estaba detrás de todo como un motor impulsor.

Cuando los hogares adquirieron ordenadores personales fue cuando surgió un nuevo concepto de «juego». Aunque seguían existiendo versiones caseras de los recreativos, un nuevo género de aventuras, muy cercano originalmente al género literario y posteriormente más acorde con las artes cinematográficas, es el referente que marcaría el apogeo de las aventuras gráficas.

En general eran aventuras lineales donde el curso de acción del juego era siempre el mismo cuando el jugador interactuaba correctamente y se mantenía estático, como un mundo en pausa (o en un bucle infinito), cuando no había acción externa o esta era incorrecta. Aquí fue cuando el jugador dejó de ser solo un mero instrumento para hacer que el juego avance, y cuando el juego dejó de ser un entretenimiento adictivo con un fin económico.

Con la excepción de las pequeñas interacciones programadas — que no dejan de ser una herencia de la misma naturaleza de los videojuegos primitivos — el componente visual se incrementa a medida que las tarjetas gráficas se vuelven más capaces, lo que permite redirigir a los juegos más hacia la narrativa elaborando argumentos detallados más allá de la creación y destrucción de píxeles en la pantalla. Es con estos avances tecnológicos con los que los grafistas pueden generar paisajes y entornos no muy diferentes a los que el arte tradicional nos ofrecía, pero en un ámbito digital.

En este punto, el jugador se convierte en *espectador* (lector) de una concepción artística, semiliteraria y semicinematográfica, porque el juego deja de ser tal para convertirse en una obra interactiva. Es entonces cuando el ingeniero no solo aplica su ingenio y conocimiento técnico para crear un programa que sigue un patrón fijo y predecible, sino que, por desear lanzar un mensaje o desplegar una estética, aunque sea a través de un juego, surge una faceta artística, la del *autor*: el escritor/productor.

Al proyectarse un juego animado en el monitor de una computadora, sobre todo una aventura con sus escenas, sus giros de guion y demás, no se puede evitar encontrar un fuerte paralelismo con el cine. Incluso hoy en día en las grandes superproducciones de Rockstar Games o Ubisoft, donde la cinematografía es espectacular, cualquiera que haya visto la evolución de los videojuegos desde por lo menos mediados de los noventa, no puede evitar exclamar «¡es como una película!». Pero es mucho más que eso. Se requiere una entrada desde el mundo real: una acción por parte del jugador.

En el cine, al proyectar una película en una sala vacía, los personajes tienen vida, su mundo bidimensional existe dentro de la pantalla, y las inquietudes, miedos y esperanzas de los personajes siguen formando parte de ellos. Porque una película, al final, no está hecha para un espectador que la disfruta, sino que está hecha para los personajes que la conforman; ellos son los únicos beneficiados del producto. Existen, como su universo entero existe, tienen un objetivo claro, y aunque todo su futuro está ya predeterminado por el guion, aunque se va construyendo desde el principio hasta el final, tienen una vida que no depende del espectador, sino del guionista, esto es, del autor.

La única necesidad por parte de nosotros es pulsar el botón de reproducción correspondiente para que se inicie ese mundo emitiendo sonidos grabados que componen sus expresiones en un lenguaje real, audible e inteligible, con imágenes, algunas alteradas y otras auténticas, que le da al espectador la ilusión de un lugar real, pero que para los personajes es un lugar *real*.

Un libro no funciona así: requiere necesariamente un lector. Alguien que lo abra y lo lea, y solo entonces se van construyendo esos personajes en la mente del lector y solamente según la imaginación de este y dentro de sus límites. Al contrario que una película, que salvo los elementos sujetos a diferentes interpretaciones — como los que hay en la vida misma — todo es igual independientemente de la mente que la vea, en una novela nunca dos mundos serán exactamente iguales en dos mentes de dos lectores diferentes, aunque el texto sea el mismo.

Un videojuego tiene elementos de ambos géneros (dos artes diferentes y reconocidas) pero el papel del jugador es también el de *espectador*. Sin él, el juego no existe, ni siquiera para una audiencia ficticia como una película reproducida en una sala vacía. Sin el elemento de *percutor* el juego no comienza, pero sin el de *actor* el juego no avanza. El mundo creado está expectante de las acciones del jugador porque son estas las que definen la naturaleza del propio mundo virtual.

El jugador opera entonces con diferentes roles. Cuando ejecuta acciones por medio de los controles programados, es el jugador-percutor. Manifiesta sus deseos desde el mundo real hacia el virtual por medio de percusiones que el autor-programador ha tenido en cuenta. Si es el personaje el que realiza las acciones dentro del entorno virtual, está utilizando los medios proporcionados por el autor que dio vida a todo ese mundo, el autor-dios. Y es el jugador el que se ve en la necesidad de seguir las reglas del juego establecidas, esto es, a comunicarse a través de su personaje como jugador-actor. Finalmente, el jugador contemplativo, que se maravilla de la historia tras haberse identificado con los personajes, que se detiene a ver cómo ha sido diseñado el mundo, es el jugador-espectador, y es aquel al que la obra puede conmover.

Cuando la partida ha comenzado sin el elemento del jugador como percutor existe cierta vida, pero estática, paradójicamente inerte. Incluso en los juegos más modernos que contienen grandes ciudades pobladas y en apariencia llenas de vida, con la actividad de personajes virtuales a imagen de las que podemos encontrar en el mundo real, nunca sucede nada. Los vehículos que recorren las mismas calles una y otra vez o son autogenerados para ser mostrados en el área cercana a donde se encuentra el jugador y luego destruidos para liberar memoria, y así dejar paso a otras construcciones aleatorias que no tienen más fin que las de hacer ruido, pero sin vida.

En las series *Grand Theft Auto* la ciudad no está sujeta a cambios salvo aquellos que genera el jugador como percutor de acciones. Es solo cuando este interactúa con aquellos elementos destinados a ofrecer una respuesta cuando la ciudad virtual vive, y por tanto, el juego, la aventura, la creación literaria del autor, surge y dialoga con el jugador, que tras haber ejercido el papel de percutor ahora se convierte en punto clave de la historia viviéndola en primera persona y transformando al jugador también en espectador.

Con el surgimiento de los juegos independientes las cosas comenzaron a cambiar. En la mayoría de estos el mundo virtual está bien definido sin un jugador que deba existir para darle sentido, y es entonces cuando es necesario bajar del pedestal de poder al protagonista para convertirlo en un mero actor más, y por verse más obligado a vivir desde dentro del juego le dio más valor a su faceta como jugador-espectador.

2.1 DIÁLOGO ENTRE EL JUGADOR Y EL PROGRAMADOR

El autor-programador que ha decidido utilizar su tiempo para crear una obra tomando como materiales las nuevas tecnologías digitales, en esta nueva época de juegos *indie*, quiere dialogar con el jugador-espectador, que será el espectador de su creación, pero también el protagonista de su obra, aunque no necesariamente el protagonista del universo contenido en su obra.

Al transcurrir la historia y por medio de las interacciones del jugador, la aventura se muestra de forma pasiva, el jugador-espectador observa el universo y pasea por él contemplando de forma desinteresada, como contemplando cualquier obra clásica desde la distancia sin interactuar con ella. En cuanto decide intervenir y hacer uso de las capacidades dadas por el autor-programador que fijó los límites de su universo (dentro de los límites tecnológicos), el jugador-espectador, entonces, interactúa con la aventura de forma externa accionando puntos clave en un universo digital, interactúa desde una perspectiva exterior siendo consciente del universo que le rodea a él, y no al personaje que maneja. Cada una de esas percusiones provoca cambios en el entorno que le rodea, generan pulsos como ondas en el agua que afectan a los personajes virtuales por medio de los algoritmos codificados en la genética digital de cada elemento, y permiten que la historia transcurra. Historia que de no transcurrir, no cambia el hecho de que los personajes virtuales no jugadores tengan ya una vida *programada* que siguen sin siquiera verse influenciados por el protagonista. El jugador-percutor, precisamente por esas percusiones que realiza como si fuese un elemento más del universo en el que se mueve su avatar, ve a la obra progresar, moverse, cambiar, *vivir*.

La obra, que ya vive de por sí, entra en una simbiosis con el jugador, adaptando su naturaleza a él dentro de los parámetros que el autor-programador ha dispuesto. El jugador se funde con la obra formando parte de ella y dándole un sentido diferente al que tendría sin él, pero dejando claro que él no es quien hace a la obra, sino la obra la que «permite» que el jugador interactúe con ella. Así, el jugador está al servicio del juego, y no al revés. Cuando el jugador-espectador decide involucrarse, por medio del jugador-percutor, nace el jugador-actor, que es un miembro más de la obra, sin distinguirse de los personajes de ficción, caminando por sus mismas calles, realizando las mismas acciones que el motor físico/social/conversacional ha previsto por igual, de forma equitativa y sin hacer distinciones, tanto para él como para los seres irreales que habitan ese mundo, que no son otra cosa más que representaciones del autor o de los aspectos del autor que ha decidido compartir, y se manifiesta como el autor-dios dentro de los límites establecidos por el autor-programador. Como jugador-espectador se permite el diálogo con el autor propiamente dicho, el autor que se refleja en todos los personajes y elementos de la obra, que ofrece respuestas solo a las interacciones que él en origen, y el jugador durante la partida, consideraron. El autor las consideró como autor-programador, y el jugador como jugador-percutor, aunque no las puede apreciar desde fuera de su papel en de la obra, esto es, desde la perspectiva de jugador-actor, solo como jugador-espectador.

El reflejo del autor en todos los elementos de su creación le confieren la actitud del autor omnipresente, el autor-dios, autor que está en todas las cosas, como un dios, que responde a las acciones del jugador-percutor, que habla con él en forma de personaje con la serie de diálogos predispuestos, algunos con más inteligencia artificial que otros, pero que son la base de un diálogo, y con estos cambios muestra el mundo virtual de otra manera al jugador, que ya no interactúa igual, porque está disfrutando de la obra, como jugador-espectador, nada menos.

A medida que pasa el tiempo, algunas de las facetas que conforman la figura del jugador se van haciendo a un lado para aumentar el protagonismo de una dominante. El jugador-espectador nunca había sido tan importante como lo es ahora, y es precisamente por eso por lo que el arte visual se ha convertido en algo esencial, y por ello, en caso de duda, se comercia con la nostalgia trayendo del pasado una estética de antaño tratando de apelar a nuestros «yo» de hace unos años para reidentificarnos con ellos. Es por eso que los años ochenta han regresado gracias a la distribución digital.

Puede parecer que el retorno de los ochenta surja como una novedad, porque en nuestro limitado período de vida mortal, entre hace tres y cuatro décadas y ahora han pasado muchas cosas, o así se percibe, pero no es más que un reflejo del eterno retorno. En este caso lo identificamos con los años ochenta porque fueron vividos por los actuales desarrolladores, los configuraron, se aculturaron en y por ellos. Pero los desarrollos que hicieron que esa época fuese tan mítica no se reducen a aparición de grandes cambios sociales o tecnológicos, de hecho, no cambió nada en absoluto. Vemos tantos cambios o tan grandes cuanto más novedoso sean para nuestro esquema mental de categorías que está definido sobre todo por el lenguaje. Así, definimos la «era analógica» y la separamos de la «era digital», como si marcase un antes y un después, cuando los productos siguen siendo los mismos, las tendencias las mismas, las inquietudes y objetivos, si los hay, idénticos. Y cuando algo del pasado emerge de nuevo nos maravillamos y exclamamos «¡Han regresado!», mientras ciegos, no vemos que nunca nada de ello se fue. Solamente ha regresado, en un medio más actual, el elemento que recordamos con cierta familiaridad y nostalgia, ese sentimiento también de cotidianidad que fue interrumpido por un lapso de tiempo y se alimenta aún de más valor si cuando lo dejamos de ver fue en una época personal de fácil impresionabilidad: la infancia.

Según qué épocas, los juegos estaban más orientados hacia un rol que hacia otro. Cuando la narrativa estaba en sus primeras etapas, el jugador-percutor era el rol más importante, haciendo gala de su habilidad para re-percutir en el transcurso de la historia. Con el auge de los juegos de aventuras, los argumentos se complicaron con diferentes eventos, nuevos personajes y lugares que explorar. El papel de jugador-actor era la clave para resolver esos puzles, siendo uno con el personaje.

Hoy, los videojuegos no solo se utilizan como medio de entretenimiento o como excusa para contar una historia. En las últimas dos décadas se trata de emocionar al jugador, no identificándose solo con el protagonista, sino con todo el mundo que rodea a este, tarea que solo puede ser ejercida como jugador-espectador. Así, la percusión puede reducirse al mínimo hasta que solo sirva de base para poner en marcha el sistema que mueve ese universo ficticio, porque en este caso lo que cuenta es la experiencia aprehendida por observación, contemplación y reflexión, en ese orden.

3

ELEMENTOS BÁSICOS DE NARRATIVA

Se trata de dar vida a un protagonista que cambie a medida que se cuenta una historia, generalmente hacia mejor, por medio del viaje que genera su transformación a lo largo de los conflictos. Esto no ocurrió siempre en videojuegos, hay algún caso que se ha tomado prestado del cine y que carece de todos los elementos del ámbito del personaje que impiden ver su crecimiento y desarrollo, precisamente porque en el juego son irrelevantes.

Esto es lo que hace a la narrativa tan relacionada con el género. En el cine un género es una categoría más en la forma de contar una historia, en videojuegos hace referencia a las categorías en las que el usuario interactúa con la computadora durante o para el transcurso de una historia. Es decir, determina cuánto poder tiene el jugador-percutor en relación a sus otros roles.

En el género de aventura, el personaje crece desde un estado menos adecuado a uno más apto; en el de acción, las aptitudes del personaje principal ya suelen estar completamente desarrolladas, y si crece lo hace en otros aspectos ajenos a la acción, aunque sí relativos a su entorno. En *Die Hard* (1988), John McClane es insuperable, y en toda contienda sus aptitudes como policía son innegables, pero el ámbito en el que evoluciona su personaje es el que tiene que ver con su matrimonio. En *Indiana Jones and the Last Crusade* (1989) no se discuten sus aptitudes de arqueólogo, pero el verdadero aspecto de crecimiento del protagonista es el de su relación con su padre; en *Troy* (2004) trata sobre las ansias de inmortalidad de Aquiles y, por tanto, su desarrollo como personaje gira en torno a la aceptación de su destino. No tiene que evolucionar en aquello que ya se le da bien, las artes bélicas.

Cuando convertimos en videojuegos de acción los ejemplos anteriores, nos olvidamos del aspecto que los hace medrar y nos centramos en la acción propiamente dicha, donde el protagonista no crece, solo ejecuta, pasando niveles cada vez más desafiantes que desequilibran la balanza entre capacidades de los enemigos y del personaje principal manejado por el jugador. La única manera de conferir a este género una historia donde el personaje pueda crecer es incluyendo una narrativa, una componente de aventura, naciendo así el género de acción y aventuras. Mientras que en el género de aventura prima el desarrollo de personaje, en el género de acción, aunque está presente, las escenas de acción no lo tienen cuenta y podrían aislarse de la historia para ser contenidas como desafíos de habilidad solamente.

Los primeros juegos que aparecieron eran, en su mayoría, juegos de acción y reacción donde se consideraba la inacción como una rendición ante el mismo, bien porque el temporizador del nivel llegaba a cero, o porque los enemigos seguían activos. Fue cuando se comenzó a añadir una historia entremezclándola con los elementos del juego, cuando fue necesario explorar una narrativa.

3.1 ACTOS

Debido a nuestra tradición griega, toda historia se divide en tres actos que refieren a un conflicto que ha de ser resuelto. En el primer acto se marca el punto de comienzo y se presenta al protagonista indicando su estado actual y su relación con el entorno que le rodea con el fin de conectar con el espectador, y cuando llegue la acción, este comprenda las razones que le mueven, sus motivaciones.

Es en el primer acto se exponen todas las variables (lugares, objetos, otros personajes, etc.) que se tratarán en los siguientes, siempre en relación con el conflicto que rodea al personaje protagonista. En otras palabras, se define el conflicto por medio de dichas variables. Esta exposición no siempre tiene que ser interactiva. Muchos juegos optan por introducir al jugador directamente en la acción después de hacer una breve introducción, a veces solo mediante un párrafo de texto.

A medida que avanza la tecnología, la historia se convierte en un elemento más importante en el desarrollo de un videojuego, o dicho de otra forma, se suele integrar más al jugador en el primer acto para que interactúe con su entorno de forma más limitada que en el segundo y tercer actos, y en él se presenten objetos y personajes relevantes para la trama. Esto sirve a su vez como forma de hacerse con los controles y tutorial de las capacidades del personaje.

Juegos como *Max Payne* (2001) en forma de *flashbacks* o pesadillas, en otros como *Deus Ex* (2000) con una secuencia cinematográfica, y en *Half-Life* (1998) permitiendo que sea el jugador el que vea, manejando al personaje, sus alrededores recibiendo la exposición por medio de diálogos. Así se conoce al protagonista, que es aquel con el que el jugador se tendrá que identificar.

En este primer acto, al ser de establecimiento de lo narrativo, es también en el que se deben exponer las reglas del juego, y no hay mejor forma de hacerlo que comenzando por la introducción de niveles o etapas más sencillas que permitan una curva de aprendizaje de fácil ascenso. Hay que tener en cuenta que un jugador quiere comenzar la partida cuanto antes, aunque sea con poca o ninguna información, y esta es una buena razón para hacer los primeros actos cortos y directos al grano si no son interactivos, o formando parte del juego si lo son.

Así, juegos como *GTA: Vice City* (2002) presenta una introducción de tres minutos introduciendo la época en la que transcurre la historia, 1986, al antagonista, Sonny, unas menciones al protagonista, Tommy Vercetti, y la relación con el primer contacto que le servirá de nexo en las primeras misiones, Ken Rosenberg. En cuanto ha pasado esa introducción, el jugador está ya dentro de la partida, sabe quién es y qué ha de hacer, mientras aparecen notas en el extremo indicando cómo funcionan los controles y el mapa.

Una vez establecidos estos lugares, objetos y personajes, y que el protagonista decide iniciar su enfrentamiento con el conflicto, en el segundo acto el protagonista lleva a cabo su lucha contra los obstáculos que se le presentan. Para ello tiene que enfrentarse antes con secuaces o jefes de nivel inferior con respecto al nivel que representa al conflicto en sí. Sin ellos, las fases estarían desiertas y solo tendría que moverse de un punto a otro de la pantalla.

Esto lo vemos en todos los juegos, independientemente del género al que estén asociados. En los videojuegos de plataformas como *Super Mario Bros.* (1985), *Mega Man* (1987), *Super Meat Boy* (2008), *Guacamelee!* (2013), *Ori and the Blind Forest* (2015), etc., el personaje debe, en pocas palabras, moverse de izquierda a derecha de la pantalla, finalizando el nivel cuando lo consigue. Los enemigos representan los obstáculos que le van impidiendo alcanzar ese punto, de vez en cuando hay enemigos intermedios más poderosos que le permiten acceder a nuevos niveles hasta que por fin se encuentra con el jefe final, que tras vencerlo le concede acceso a la meta que buscaba.

En los juegos *RPG* el centro radica en el desarrollo de las estadísticas en las que el personaje se puede definir, pero en los modos historia contempla el mismo patrón, ya sea en la serie *Sacred* (2004–2014) o en *The Elder Scrolls* (1994–2013), entre muchos otros, en general viendo una tierra en peligro (conflicto) donde salvarla implica la destrucción de un gran antagonista: nigromante, dragón o lo que sea. Y en juegos como la serie *GTA*, el segundo acto se basa en escalar puestos y alcanzar el suficiente poder y recursos para llevar a cabo su venganza sobre el antagonista presentado en el primer acto.

El desarrollo del final ocurre en el tercer acto, que es la razón por la cual el jugador ha estado implicándose tanto en la partida, y surge cuando se puede vislumbrar la resolución del conflicto. En general, se personifica en forma de antagonista, convertido en el «jefe final» en la mayoría de juegos, aunque no tiene que ser una persona, puede ser una amenaza cualquiera. Se accede a este cuando se han vencido a todos los jefes intermedios y todos los adeptos de este a lo largo de los niveles.

En el cine vemos finales felices cuando la resolución es favorable al protagonista, y finales tristes cuando ocurre lo contrario. Ya que los videojuegos, por definición, son un juego, el final suele ser satisfactorio para no echar por tierra todo el trabajo del jugador en ayudar al protagonista a alcanzar su objetivo, aunque como veremos, hay algún género donde el concepto de ganar y perder se relega a una impresión del jugador más que a la del personaje.

La trama tiene que entenderse como la relación entre la tensión con respecto al tiempo, alcanzándose un pico tensión al final del primer acto que dé pie para el comienzo del segundo, y otro al final del segundo, justo antes de la resolución.

3.2 PROTAGONISTA

Los personajes son una base de apoyo para la personalidad del jugador, que se asienta en la de un protagonista que controla y, por tanto, el argumento debe introducir a otros personajes y dispositivos que incrementen el valor del jugador como protagonista, así como lo mantienen involucrado sin romper la conexión con el mundo ni las reglas establecidas.

El personaje principal ha de ser creíble, pero ha de mantener una conexión con el jugador. Si el jugador puede moldear al protagonista como en muchos juegos *RPG*, la conexión es obvia porque proyecta todos los elementos que hacen al personaje «suyo». Lo contrario no funciona así; no es bueno que el protagonista conozca detalles que el jugador ignore, ya que esto provoca que se rompa el vínculo entre ambos. El protagonista ha de ser ignorante y aprender durante la partida, y mediante esas lecciones transmitir el conocimiento al jugador.

Las técnicas más utilizadas son las de investigación, en las que como en *Blade Runner* (1997) o en *L. A. Noir* (2011), donde se van descubriendo pistas; amnesia en *XIII* (2013), donde el protagonista se despierta en una playa sin saber ni quién es ni cómo ha llegado hasta allí; o es un forastero, como Guybrush Threepwood al llegar a la isla Mêlée en *The Secret of Monkey Island* (1990). En videojuegos como en la serie *Uncharted* (2007–2014), los misterios se van resolviendo a medida que se resuelvan secuencias de acción, con lo que los personajes aprenden acerca de los objetivos intermedios al tiempo que el jugador, y entonces ambos conocen la meta final que se desvelará en el tercer acto.

En general, por la naturaleza de los juegos, se suele asociar al protagonista con el héroe (hoy en día se están explorando otros campos, como veremos en capítulos posteriores), pero la clave es la identificación. Cuando un jugador está en el medio de una partida siempre habla en primera persona: «me queda solo esta vida», «¡he muerto!», «¡no consigo saltar este foso!». Durante la partida, personaje y jugador son uno.

Al identificarse, incluso las recompensas más pequeñas se convierten en grandes hazañas para jugador y personaje, pero para que esto ocurra han de estar en sintonía los objetivos del personaje y las expectativas del jugador. Esto es, que una vez expuestas las limitaciones del mundo ya aceptadas por el jugador, no las puede cambiar el personaje sin motivo aparente. Un ejemplo de estas limitaciones se ve en *The Elder Scrolls IV: Oblivion* (2006). Es posible asesinar a cualquier personaje excepto a aquellos que sirven a la trama. Una vez establecido esto no tendría sentido que el personaje protagonista decidiese tirar las armas y no permitir que el jugador elija qué hacer con ellas porque va en contra de la propia premisa del videojuego. Otra cosa muy distinta es que el jugador sea el que se autoimponga ciertas restricciones voluntariamente, que afectan solo al desafío y la experiencia, sea o no reconocidas por el propio juego. Ahí, las limitaciones son reflejo de la libertad del jugador controlando al personaje, que ya que se encuentra en una jerarquía superior, tiene la última palabra.

Con respecto a las capacidades que tiene el protagonista para resolver el conflicto principal, ha de enfrentarse a todos los conflictos intermedios y secundarios que le impiden llegar a la meta. El personaje no se cuestiona la realidad que le rodea, la acepta y actúa en consecuencia para resolver todo obstáculo que se le ofrece. Siendo un videojuego sin posibilidad de quedarse atascado, siempre hay una salida a un problema, y el jugador la llevará a cabo sin perder su nexo con el personaje mientras haya siempre un motivo claro, una justificación para la acción que se realiza a la vez que permita avanzar al personaje, literalmente hacia la meta o en su desarrollo.

No hay desafío si no hay riesgo, y un conflicto que no presenta un reto no es tal. Aparte del vínculo que debe existir entre jugador y protagonista, tiene que existir otro entre protagonista y conflicto, que lo ate para necesitar resolverlo, para que su existencia esté justificada en función del mismo.

Parte del riesgo es la elección que debe tomar el personaje principal en su búsqueda que lo complete, y cada elección implica la aceptación de un camino al tiempo que el rechazo de otro. Más adelante se estudiará cómo el jugador debe disponer de cierta libertad para poder tomar estas decisiones en nombre del protagonista, pero en términos narrativos, aunque la historia sea completamente lineal y el jugador no tenga la capacidad de tomar una decisión argumental, sí ha de estar presente la dicotomía en el personaje. Cuando este toma una decisión que supone un sacrificio, por el vínculo que comparte con el jugador, ambos han de sentir el mismo padecimiento. Y así ha de ser a pesar de que el protagonista, en general y por su naturaleza, no pueda evitar tomar la decisión correcta y adecuada con su condición de héroe, por mucho que se exponga que desea lo contrario.

Los únicos cambios permitidos para un protagonista son aquellos que forman parte de su desarrollo a lo largo de la trama y por tanto están justificados. Cualquier otra modificación en su comportamiento se entiende como inconsistente con su personalidad. Aunque el rango de opciones del jugador sea amplio en la toma de decisiones que se reflejan en el protagonista, no puede darse el caso de una opción que no se asocie con aquello que el personaje crea que es lo correcto.

3.3 ANTAGONISTA

Un antagonista requiere tanto detalle como un héroe, sino más. El protagonista está asociado al jugador, está controlado por él; el villano no, por lo que ha de ser suficientemente sólido por sí solo.

A la hora de diseñar un antagonista, es necesario hacerlo suficientemente amenazante para que suponga un desafío mayor que los encontrados a lo largo de la aventura, pero no tanto como para frustrar los triunfos logrados. El jugador y el protagonista deben tener una constante sensación de progreso.

Generalmente, el antagonista no aparece hasta el final, y si hace una aparición es brevemente, como incentivo del protagonista y motor del jugador. Así es el jugador el que tiene que abrirse camino y encontrarlo resolviendo las metas intermedias, que pueden ser eliminar a todos los enemigos más débiles, esquivando obstáculos o desentrañando las claves de un argumento velado que requiere una investigación. Entre tanto, el jefe final se mantiene invulnerable hasta llegar al tercer acto (de lo contrario no existiría historia) pero no de manera evidente, sino dando la impresión de que las condiciones que le rodearon hasta ese momento para mantener su estatus de villano le han sido favorables, bien porque el protagonista todavía no ha crecido lo suficiente, o porque el entorno le fue adverso.

Los villanos han de generar también una motivación, y de nuevo, no solo en el personaje, sino también en el jugador, aunque sea solo por asociar la idea del fracaso de los planes del antagonista con las victorias del protagonista, que son también del jugador. Sucede un conflicto de intereses porque las metas de uno son contrarias a las del otro. Lo que nos obliga a tener muy claro *qué* es eso que el antagonista desea y *cómo* pretende llevarlo a cabo, pero siempre siendo creíble para los estándares de su mundo.

En videojuegos de plataformas como las primeras entregas de la serie *Mega Man* la premisa es sencilla: el Dr. Wily quiere dominar el mundo utilizando robots que ha reprogramado y que actúan a modo de jefes de nivel, y otros más corrientes que son los que, en una jerarquía inferior, impiden llegar a ellos. La motivación del antagonista es trivial, pero es exactamente opuesta a la del Dr. Light, creador del personaje principal, que al verlo como una figura paterna, lleva al jugador que lo controla a tener una mayor motivación. Dentro del mundo donde transcurren los eventos, por muy pretenciosa que sea la meta del Dr. Wily, es plausible, y eso basta para hacer que este juego tenga sentido. Esta misma premisa no podría ser aplicada en mundos de otros juegos más realistas. En *Max Payne 2* (2003) el antagonista, Vladimir Lem, desea poder a toda costa hasta el punto de corromperse más de lo que ya estaba cuando se establece su relación con el protagonista, pero no puede ir más allá de lo que le es permitido. No puede dominar el mundo entero en el universo donde ocurre la historia.

Con el paso del tiempo en narrativa, la separación entre héroe y villano se va haciendo cada vez más fina hasta ser casi indistinguible. Todo villano es un héroe en su propia mente, es decir, no se ven a sí mismos como antagonistas, sino como protagonistas que buscan justo lo contrario que el héroe, al que no ven como tal. De la misma forma, los héroes actuales están rodeados de demonios y fantasmas de su pasado que los atormentan porque nunca han sido buenos del todo. Una buena historia tiene un momento en el que ambos intercambian impresiones, puede que se intenten convencer de sus puntos de vista o apelar a su sentido común — cada uno al suyo propio — para persuadir a su contrapartida. Esta confrontación sucede en el tercer acto, cuando ni protagonista ni antagonista pueden crecer ya más ni ya hay más obstáculos que apartar. Obviamente el conflicto seguirá y no cesará hasta que uno de los dos sea vencido, y para que ello ocurra, el jugador tiene que disponer de al menos una oportunidad para ganar, siendo el protagonista capaz de ello.

3.4 HISTORIA

Cuando se realiza un videojuego, este requiere interacción y eso obliga a hacer que el personaje se encuentre en control de la experiencia, en general esto significa sentirse en control del protagonista con el que se identifica. El jugador debe ser una pieza clave del juego, al fin y al cabo, no podría existir juego sin jugador. Tiene que percibir que sin la influencia que ha ejercido sobre ese mundo virtual, las cosas habrían sido diferentes, aunque su presencia allí parezca anecdótica.

La historia debe ser creíble y esto significa consistente con las leyes naturales del mundo que ha establecido, pero hay dos casos que no suelen tener cabida en casi ningún universo que ayuden al buen desarrollo de una trama: la coincidencia extrema y la suerte inexplicable, donde esta última puede entenderse como un caso particular de la anterior. Ambas situaciones rompen la credibilidad del argumento y ensombrecen el impacto de los eventos. No hay que confundir las coincidencias probables con sucesos tan improbables que rozan lo imposible. Las primeras pueden ocurrir y ser base de la línea argumental. En juegos con elementos de aleatoriedad, la suerte es un componente inherente al sistema que el juego utiliza para producir resultados, y estos a veces, pueden estar muy conectados con la narrativa. En este caso se habla de azar, de probabilidades, pero porque estas forman parte del motor sobre el que corre el juego. Pero incluso cuando hay suerte por aleatoriedad, está repartida dentro de las leyes probabilísticas, por lo que tener «buena suerte» en ese ámbito, no se ve como algo extraño, sino un caso aislado.

Por coincidencia extrema se entiende aquella que no tiene justificación y sirve de beneficio para el protagonista, que por su naturaleza casual, elimina todo riesgo y sacrificio. Los personajes deben disponer de los medios para resolver sus conflictos y superar sus obstáculos. Si un conflicto intermedio se resuelve de manera casual, no tiene relevancia ni para el desarrollo del héroe ni de la historia. La única manera de permitir una coincidencia de este tipo es si ocurre justo en el primer acto, siendo esta la que exponga los personajes o los ponga en contacto, e incluso así resulta forzado. Ejemplo de esto se ve en *The Elder Scrolls IV: Oblivion* (2006), en el que el pasadizo secreto para salir del castillo que el rey utiliza se halla en la celda en la que se encuentra el protagonista, que *casualmente* fue encarcelado allí por error. Sin ese detalle no se daría el juego y la única partida posible sería la de controlar a un presidiario en un calabozo de un mundo fantástico.

La complejidad de un argumento en un videojuego está relacionada con las posibles decisiones que puede tomar el jugador. Debemos recordar que pese a que todos los caminos desemboquen en el mismo lugar, la sensación de haber elegido en el jugador es lo que genera un dilema en su mente sobre qué sendero seguir, y para ello es necesario que durante el proceso de creación de la historia tengamos en cuenta esas posibles dicotomías que, si no afectan al juego, al menos afectan a cómo el jugador interpreta la historia.

3.4.1 Narrativa lineal

Son el tipo de narrativa más tradicional. Todos los eventos suceden en el mismo orden siempre que se juega; el guion ya ha sido establecido desde el principio y es constante. Esto no va en contra de la capacidad del jugador para interactuar con el juego, pero no debe interponerse entre las partes pasiva y activa del videojuego, esto es, entre cuando el jugador es percutor y cuando es espectador. La historia está integrada en el juego, pero no es un componente con el que jugar siendo necesario finalizar una etapa para acceder a la siguiente.

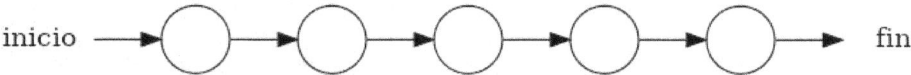

La mayor parte de los juegos de acción son así, con una trama principal que se va contando, siempre de manera idéntica, donde las decisiones que se toman, muchas veces en forma de opciones de diálogo, solo ofrecen la ilusión de elegir sin producir cambios sustanciales en el argumento. Y durante la parte activa la historia está en pausa, dejando que el jugador explore, que juegue libremente, en principio para llegar de un punto de origen a otro de destino en el que se ejecutará la siguiente secuencia no interactiva ya programada que revela más argumento.

Se ve esto en *Uncharted 4: A Thief's End* (2016). Las elecciones de diálogo en la parte de cinemática no afectan a la historia, porque esta se basa en la acción en curso en líneas generales, no en el detalle expuesto, esto es, lo que está en el guion es «ambos personajes charlan sobre sus viejas aventuras», y eso es inalterable, pese a que el jugador decida indistintamente hacer hablar a su personaje sobre tal o cual aventura. Se producen mínimos cambios solo a nivel de espectador, pero no para el argumento ni los personajes, que no pueden salir de la escena establecida independientemente de la opción seleccionada.

Una historia lineal no es sinónimo de una historia pobre: puede ser envolvente, sorprendente y contener un impactante giro de guion. Pero este tipo de narrativa no debe ser expuesta de la misma manera que una película, debemos saber integrarla correctamente sin romper lo que hace que un juego sea tal: la interacción y percusión del jugador con el mundo virtual. Si no hay un equilibrio entre interacción y argumento — entre jugador-percutor y jugador-espectador — se pierde la sensación de juego o de narrativa respectivamente.

3.4.2 Narrativa interactiva

El jugador puede decidir qué puntos argumentales seguir en determinados momentos convirtiendo esas elecciones en partes del juego, es decir, añadiendo a la narrativa un componente de jugabilidad. Aparte de las acciones que se realizan como protagonista, se toman decisiones que afectan al argumento de manera que la narrativa, en este caso, es un elemento con el que jugar, siendo más jugador-actor. Las decisiones, cuando se espera del jugador una respuesta explícita, pueden estar cargadas de un alto componente moral que envuelven al jugador en un dilema de la misma naturaleza. Estas decisiones las lleva a cabo el jugador-actor, que debe verse en una faceta clara de su papel mientras va escribiendo la historia de su personaje.

Cuanta más complejidad añadamos a una historia para que no sea lineal, más historias secundarias o eventos particulares han de tenerse en cuenta bajo el riesgo de que no todas vayan a ser alcanzadas por el jugador. Es necesario encontrar un balance adecuado entre el número de historias que se pueden dar durante la misma partida, y el número total de líneas argumentales. Si este segundo número es elevado, el jugador necesitará recomenzar la partida cada vez que quiera escoger otro camino.

RAMIFICADA

Contiene puntos donde el jugador debe decidir, y como consecuencia de estas elecciones se abre un hilo argumental u otro, ofreciendo un camino único. Tienen la contraprestación de que cuantas más elecciones se tengan en cuenta, la complejidad del sistema aumenta considerablemente. Si cada elección es binaria, y dado que por ramificación cada elección desemboca en su propio final, para x elecciones nos encontramos con 2^x historias que hace falta escribir. Como se ve, esta cifra crece exponencialmente, por lo que es muy costosa en lo que al desarrollo se refiere.

El transcurso de eventos que vemos en la realidad se diferencia de aquellos de una narrativa en que, en este segundo caso, ya están determinados de antemano, esto es, que cada suceso ya está predeterminado en base a un guion y unas normas que restringen la libertad. Esto no significa que el jugador no sienta una sensación de libre albedrío, todo lo contrario. El desconocimiento por parte del jugador lo llena de una incertidumbre, a sus ojos al menos.

Una de las ventajas principales que presenta es que, dado que los caminos son estrictamente exclusivos, el jugador puede tomar fácilmente otras decisiones en nuevas partidas, por otro lado, en cada una solo se puede ver una fracción del juego, así que es necesario que este sea lo suficientemente atractivo como para que el jugador desee volver a jugar contemplando otras posibilidades. La apertura de diferentes líneas argumentales radica en la manera en la que el jugador se hace con el argumento.

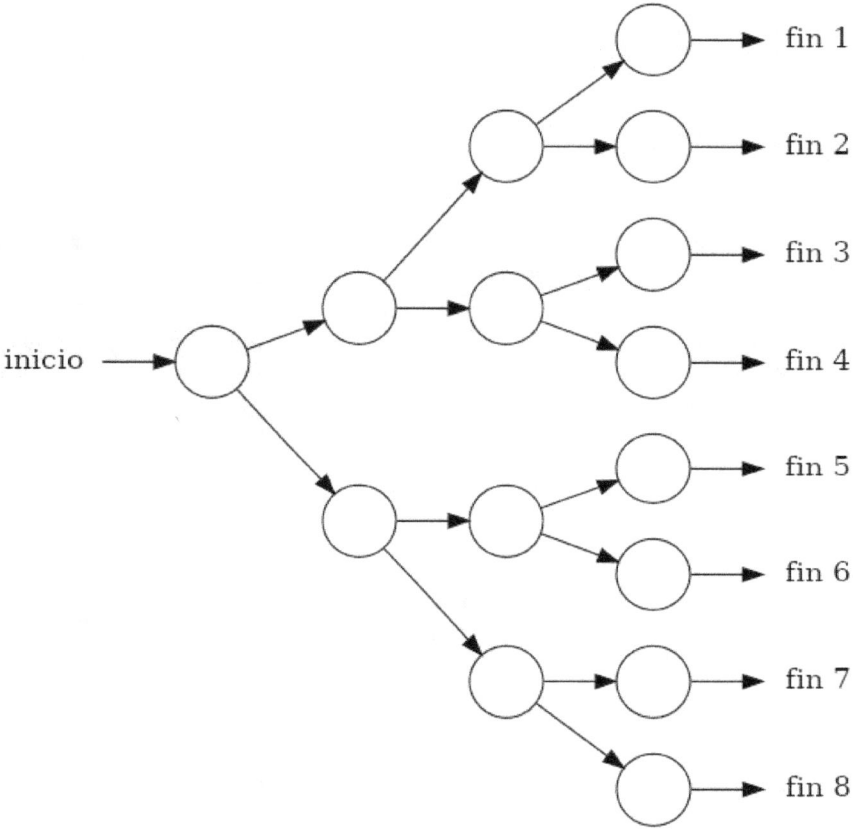

En *Blade Runner* (1997) existen trece finales diferentes, aunque no todos ellos dependen de las decisiones del jugador. Hay unos elementos aleatorios que se determinan al comenzar una partida y establecen qué finales estarán disponibles, ya que en función de su valor algunos quedarán excluidos del árbol de posibles historias. Las opciones no se presentan de forma obvia, sencillamente suceden en base al comportamiento del jugador. Se interpreta en esta aventura a un detective, y en función de las pistas que obtenga y de cómo y a quién interrogue, su investigación se orientará de manera distinta llevándolo por distintos caminos que confluirán en diferentes finales. En lugar de un componente moral tenemos uno que depende de cómo de bueno es el detective, pero si no vemos un dilema ético es porque no se nos presenta de manera directa. El juego no nos pregunta explícitamente qué decisión tomar apelando a lo correcto o incorrecto, sino que de manera implícita se van tomando elecciones sin que el jugador lo sepa.

PARALELA

Es una forma de reducir considerablemente todas las posibles historias que se tendrían en el método ramificado, por medio de la división del número de posibles caminos a solamente dos que se combinan e intercalan entre sí. Cada camino tiene un conjunto de consecuencias hasta que, de nuevo, se vuelven a unir en los puntos clave de la partida.

Este tipo de narrativa es adecuada cuando se pretende hacer pensar al jugador. Dado que siempre se acaba retornando a un punto de la trama fijo, las decisiones suelen tener un componente ético. Si es así, han de ser susceptible a la categorización de «buenas» o «malas», y según cuál se tome, se desarrollan aspectos del personaje más hacia un arquetipo que otro. Cuando se ofrecen al jugador las opciones han de existir argumentos que defiendan cada una de las decisiones, usualmente apelando a las emociones del jugador, donde algo se gane en cada una, pero también se pierda en la otra.

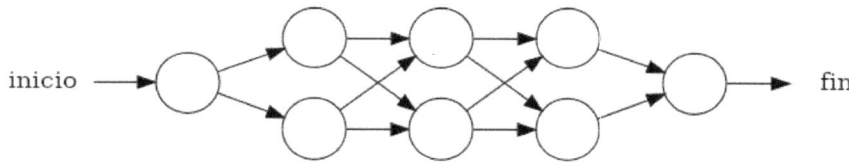

Este tipo de narrativa se ve en *BioShock Infinite* (2013). Las decisiones importan desde el punto de vista del jugador, como desarrollo de la conexión con su personaje, pero durante la partida se ven, a veces, solo pequeños cambios en secuencias cinematográficas que tienen precisamente esa finalidad: reforzar el vínculo entre personaje y jugador en base a debates morales puntuales. No cambian el juego, sino la percepción que el jugador tiene sobre la historia del juego.

HILADA

Muchos juegos *RPG* se ven en este tipo de narrativa. Las misiones pueden contener requerimientos mínimos que obligan al jugador a mejorar su personaje, pero todas pueden llevarse a cabo en cualquier orden, siendo algunas incluso optativas. Esto no implica que exista una relación de orden entre unas y otras, pero sí sea obligatorio mantener cierta lógica en el transcurso de los actos por requisito del guion: no se puede llevar a cabo la misión de matar a un personaje y luego hacer las que nos iba a ofrecer; la primera acción excluye a las siguientes.

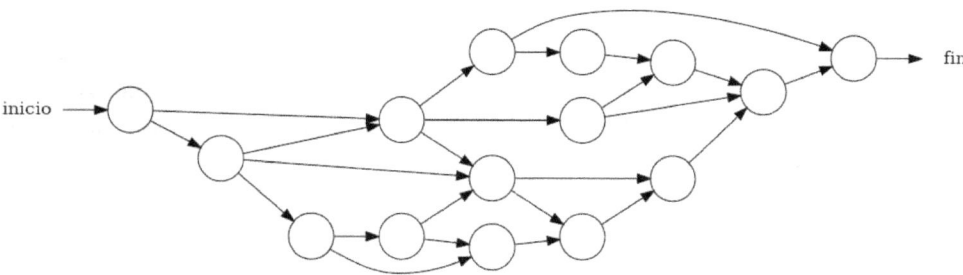

Aquí se muestra solo una manera de unir los eventos, pero cada vez que se juega, la experiencia es diferente, porque el grafo que el jugador va generando según sus elecciones es distinto: no siempre que inicie una partida seguirá el mismo orden ni hará que se disparen todos los eventos.

El problema fundamental a la hora de desarrollar este tipo de narrativa surge en cuanto se trata de determinar cómo unos eventos afectan a otros, ya que se puede saltar de uno a otro sin más. O se hacen completamente independientes entre sí resolviendo este problema, o si algunos repercuten sobre otros hay que tener en cuenta la posible exclusión mutua.

Uno de los límites que hay que poner en este caso es la plausibilidad en el orden de acciones. Si hay un argumento principal sobre el que se sostiene la premisa del juego, aunque existan una gran cantidad de eventos independientes que se puedan realizar en cualquier orden, estos no pueden interferir con la trama. En *Elder Scrolls* lo resuelven alertando o impidiendo que se trunquen las vidas de aquellos que son imprescindibles para el argumento principal garantizando que esta pueda seguir su curso. Algunas misiones se asocian a las estadísticas del personaje si se entrecruzan con la trama principal, ya sea haciendo referencia a un objeto, un personaje o algún lugar que será importante para la historia, y al que el protagonista no debe tener acceso hasta adquirir cierto nivel.

Asimismo, es también casi obligatorio mantener una gran separación entre la trama principal y las secundarias, dejando claro cuál es el ámbito de cada una, pues de lo contrario se generaría confusión. El argumento principal debe ser claro y sencillo, y resumir en una sola frase el objetivo del juego. En el caso de *Elder Scrolls IV: Oblivion* (2006) se puede resumir en entregar el amuleto de los reyes al líder de los Cuchillas (*Blade*), encontrar al heredero y cerrar los portales de Oblivion; en *GTA: Vice City* (2002), se trata sencillamente de recuperar el dinero de Sonny Forelli.

SIN RELACIÓN DE ORDEN

Este tipo de juegos son para ser jugados solo una vez, ya que a pesar de que se pueden recorrer en cualquier orden, es necesario llegar al final habiendo recorrido todos los puntos sin dejarse uno. Se diferencia de la trama hilada en que el evento final no se ejecuta sin haber pasado por todas y cada una de las etapas de la trama. En otras palabras, permiten elegir el orden en el que tienen lugar las etapas argumentales que se encuentran entre los eventos inicial y final, pero no se puede ignorar ningún evento.

El paso de un evento a otro es un camino elegido íntegramente por el jugador. Para esto se requieren puntos de la historia que sean independientes entre sí, esto es, que puedan darse por sí solos sin perder significado ni alterar la manera en la que la información es recibida. Solo el evento inicial, que sirve para poner en situación al jugador, y el final, donde las piezas encajan en un todo, son constantes. Y solo al terminar el juego se puede tener la perspectiva adecuada para comprender cómo esos nexos narrativos, que durante la partida se comportaban como eventos aislados, se unen entre sí confiriendo la lógica argumental.

El videojuego *Myst* (1993) se basa en puzles donde mediante la resolución de los mismos se va desvelando parcialmente el argumento. En cada puzle se obtiene una página que añade líneas al diálogo de los personajes que dan pie finalmente a una elección. No se consigue la información suficiente para llegar al final hasta haber pasado por todos los puntos intermedios, pero el jugador puede elegir adónde ir primero sin restricciones.

SIMULTÁNEA

Son dos historias que transcurren a la vez sin interferencia mutua y donde el jugador se mantiene en cualquiera de las dos, pero no en las dos a la vez. Hay que escribir las dos historias uniéndolas en puntos clave de manera que sean interdependientes en los eventos relativos a cada protagonista, pero siendo los grandes eventos de una comunes a los de la otra. Así se permite que ambos argumentos se escriban a la vez. Las tramas paralelas se complementan mutuamente, y cada historia ocurre simultáneamente.

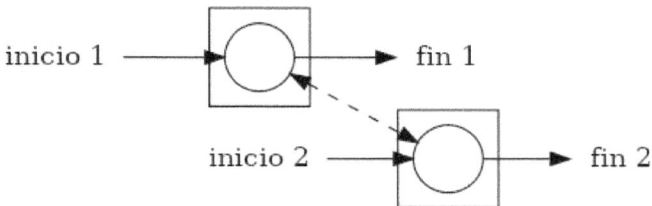

Cuando se lanzó *Half-Life: Opposing Force* (1999) no hacía falta contar el argumento, solo presentar al personaje dándole un punto de partida. Aunque los mapas por donde se movía eran todos nuevos y desconocidos para el jugador que ya conocía la primera entrega, todos resultaban familiares. Era una historia con su inicio y su final, independientes ambos del inicio y final de la aventura de Gordon Freeman, y así debía ser, porque se trataba de dos argumentos diferentes con dos protagonistas distintos. Ídem para *Half-Life: Blue Shift* (2001).

No obstante, ambas historias estaban ubicadas en el mismo universo, en el mismo lugar y durante la misma crisis. Ya que los personajes representaban arquetipos diferentes — científico, militar y guardia de seguridad — los elementos argumentales que los definen son distintos, y aun así comparten una misma meta, que es tratar con la amenaza alienígena que se cierne en las instalaciones de Black Mesa y alrededores. Existen puntos clave donde estas historias convergen haciendo ver cómo una se ve inmersa en la otra, pero sin afectarse mutuamente, pues toda acción que una línea argumental pudiese tener sobre la otra, implicaría una reacción que va en contra de la propia trama al estar cambiándola, y dado que se apoyan entre sí, se generaría un problema de continuidad que repercutiría en ambas.

DINÁMICA

Cambia la manera en la que los eventos de la trama se unen entre sí, y en lugar de que de uno se salte a otro, cada uno de ellos está unido a muchos otros y es el jugador el que elige qué camino seguir. Para que se dé este tipo de narrativa no puede existir un argumento fijo, lo va construyendo el jugador a medida que transcurre la partida. Se resuelve la linealidad aparente de la narrativa paralela, pero conservando todas sus ventajas. Con este esquema se tiene que partir de pequeñas escenas que son ejecutadas al dispararse un evento, pero que no disponen de ninguna restricción que las obligue a ser llevadas a cabo con la salvedad de algunas variables de estado que guarden información del transcurso de la historia.

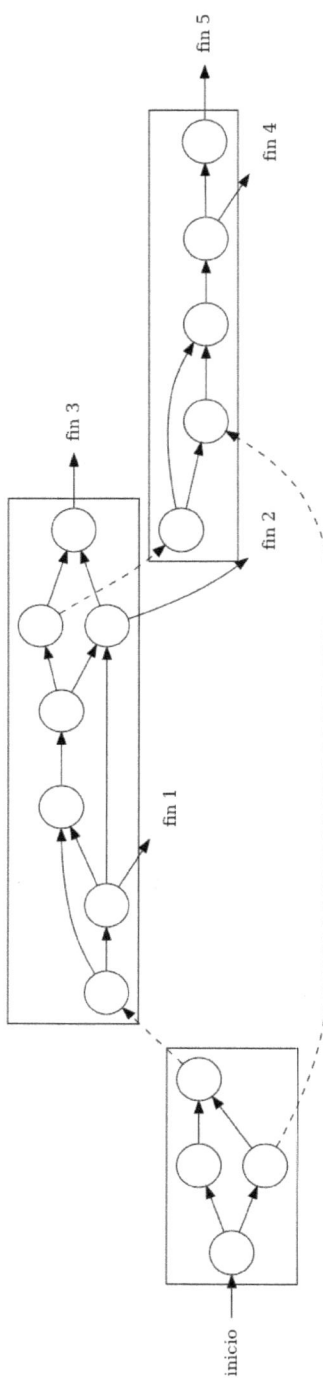

Es el tipo de historia que se ve en *Façade* (2005). El dinamismo de esta forma de narrar tiene que poder contemplar la inacción como una acción en sí misma que sea interpretada como una respuesta a un evento. Los caminos elegidos pueden ser excluyentes, ya que alguno requiere de alguna variable con un valor específico que impide la ejecución de otra. Por ejemplo, no se puede dar una parte de la trama sin un evento previo que la dispare y que solo se ejecuta al elegir entre dos opciones contradictorias entre sí. Una vez se toma una de esas elecciones, al igual que en la ramificada, será necesario iniciar otra partida para ver los caminos que quedaron excluidos.

IMPLÍCITA

La narrativa está implícita en el juego, gobernado por eventos que el jugador dispone o selecciona de entre algunas opciones. En lugar de escribir una posible trama, hay que diseñar todos los posibles minieventos que pueden tener lugar en base a cómo se relaciona cada personaje con los que le rodean y con el entorno en el que se desenvuelven. En función de una acción por parte del jugador, o de su inacción, se carga, teniendo en cuenta el estado actual, otro fragmento compatible con las variables en curso para continuar la historia.

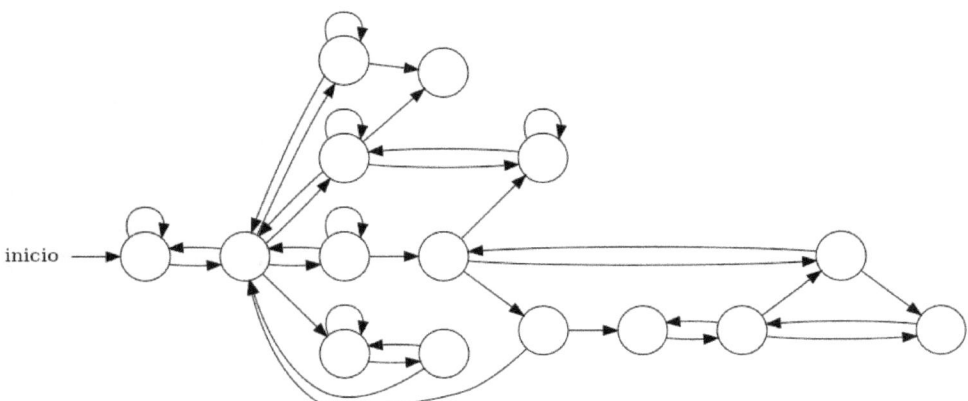

Es el caso de la serie *The Sims* (2000–2012), de la que luego hablaremos con mucho más detalle. Se ofrecen las herramientas necesarias para que el jugador pueda generar la historia de cada personaje asignándole tareas y un estatus o jerarquía social, y en función de su comportamiento, de su motor de inteligencia artificial y de las interacciones directas del jugador, vaya escribiendo su propio destino. Cada arco del grafo lo genera el jugador con cada decisión que toma, o el personaje por sí mismo si tiene permitido obrar con libre albedrío.

Como no hay una historia fija nunca hay un final, y el jugador puede mantenerse en un bucle infinito saltando de evento en evento mientras escribe su propia historia para cada ser que puebla el sistema. Desde el momento en que un personaje forma parte del entorno, toda su simulación se basa en la toma de decisiones que van determinando sus relaciones con otros personajes. La única manera de romper el bucle que es su vida, saltando de evento en evento con futuro incierto, es deshacerse del personaje, esto es, retirarlo de la simulación. Solo así, esta narrativa personal, su historia, deja de acontecer.

3.5 DIÁLOGO

El diálogo es una forma de exposición, de dar información al jugador a través de los personajes que existen en el mundo del videojuego.

3.5.1 Diálogo indirecto

El diálogo indirecto es todo aquel que se da sin que el protagonista ni el jugador sean parte de la conversación. Es el que sencillamente ocurre en las inmediaciones del personaje para alertarle de algo o hacerle saber casualmente cierta información que le será útil. Es diálogo entre personajes no jugadores que se da especialmente en los juegos *RPG* y *FPS*, en la forma de un personaje secundario dando órdenes que se supone que el protagonista debe cumplir para mantenerse con vida.

No hay pausa. Al ser un diálogo propio del entorno y no estar dirigido directamente al jugador o personaje, la acción no se detiene porque precisamente ese diálogo es parte inherente a la misma. Este diálogo suele estar formado por frases contundentes y cortas, independientes entre sí, generalmente imperativos que puedan reutilizarse en múltiples ocasiones.

En las escenas de acción o *FPS*, son también aquellos que utilizan los personajes no jugadores para informar a otros también no jugadores — e indirectamente al protagonista — de dónde se encuentra el objetivo. Cuando son enemigos, ese objetivo es el mismo protagonista. Más allá de la acción, el diálogo indirecto se utiliza para dirigir al jugador hacia el lugar adecuado, o darle información sobre qué, cómo o cuándo realizar cierta acción.

3.5.2 Diálogo dirigido al jugador-actor

Es aquel diálogo de los personajes no jugadores hacia el jugador, y en general es interactivo para que el jugador pueda elegir por el protagonista qué decir. Es el utilizado a veces en ficción interactiva y sobre todo en las aventuras gráficas, y su misión es exponer el argumento por medio de información que se traducen en pistas para resolver los puzles. Este tipo de diálogo pausa la acción, pero no el juego, ya que los diálogos son parte de este.

Se espera que el jugador se comporte como actor y elija las opciones que su personaje seleccionaría de acuerdo con la personalidad que el jugador trata de imprimir en él.

Las opciones para ser seleccionadas tienen que ser relevantes y consistentes con la trama. En el primer acto de *The Secret of Monkey Island* (1990), la primera línea del personaje es su nombre y su intención («¡Hola! Me llamo Guybrush Threepwood y quiero ser un pirata»), y es un diálogo dirigido para conducir al protagonista a la taberna donde se encuentran los jefes piratas, que le expondrán por medio de preguntas y respuestas entre protagonista y personajes, cuáles son las tres pruebas que debe cumplir para avanzar en la aventura. Cada vez que se introduce un nuevo puzle, se hace a través de exposición mediante diálogo que introduce una nueva pista.

También es usado de forma un tanto diferente en juegos *RPG* para las misiones, pues estas se comportan como si de una aventura gráfica se tratase al retirar la acción. El método seguido suele ser siempre el mismo: inicio de diálogo con la declaración de un problema que el personaje puede resolver; sugerencia de una recompensa que beneficie de algún modo al protagonista; y de aceptar la misión, explicación de todos los detalles para llevar la misión a cabo. No hay más diálogo hasta que el jugador regrese con la misión cumplida, en donde se realiza la entrega de la recompensa.

De manera habitual, los juegos con una alta componente de *RPG* contienen muchos personajes cuyo único objetivo es la ambientación, dar vida a las ciudades y poblados por donde pasa el protagonista. Por esto, es preciso resaltar de alguna manera aquellos que ofrecen misiones de los que no. En videojuegos como *Sacred* (2004) aparece un icono informativo sobre sus cabezas; en otros que buscan más realismo, o utilizan un diseño diferente de personaje para que destaque sobre aquellos que solo están de relleno, muchas veces copias repetidas; o llaman la atención del personaje de alguna manera. En este último caso es el personaje no jugador el que aborda al protagonista iniciando el diálogo o llamándolo para que lo inicie.

3.5.3 Diálogo dirigido al jugador-espectador

Son aquellas secuencias donde el juego está interrumpido para el jugador a modo de una escena cinematográfica. Aquí se detiene tanto el juego como la acción, solo continúa la trama. No es interactivo, se supone que el jugador actúa como espectador adquiriendo la información. Suele utilizarse en los juegos de acción o en algunos juegos de plataformas que narran una historia para hacer pausas entre actos dando una mayor clarificación acerca de los objetivos de la misión en curso.

4

NARRATIVA SEGÚN GÉNERO

4.1 AVENTURAS CONVERSACIONALES

Aunque luego exploraremos más el género de aventuras, la conversacional o ficción interactiva merece su propia sección ya que a la hora de su diseño entra en conflicto con la estructura narrativa de otros tipos de aventura. Estas llamadas aventuras en modo texto merecen ser un género en sí mismo. Se trata de transmitir los contenidos del universo en el que el jugador se mueve y darle a entender lo que le rodea, y hacerlo consciente de los peligros y riesgos de una forma puramente textual requiere un mínimo desarrollo literario previo.

A medida que los gráficos fueron formando parte de las aplicaciones, tanto de juegos como de programas de trabajo, este tipo de aventuras fue dejando de producirse y se sustituyó por otros géneros más visuales, más activos en general y con menos texto. En la aventura conversacional la concepción artística se halla en la escritura, así que más que programación, es un despliegue de cualidades literarias. Esto se aplica a todo el modo texto en el que el jugador — fundamentalmente como jugador-actor — tiene que verse envuelto en la historia al tiempo que ha de resolver puzles escribiendo las secuencias de comandos adecuadas que, aunque un tanto limitadas debido a las reducidas posibilidades — para el jugador jugador-percutor —, el desconocimiento de las cuestiones técnicas le hace creer que son muchas, casi infinitas. Si solo hay dos docenas de comandos válidos y un puñado de objetos con el que combinar los verbos, seguro que el jugador durante la partida ha probado a introducir más de un millar.

Esto nos lleva a los mensajes negativos automáticos que se generan cuando alguna acción que pretende llevar a cabo el jugador no es válida y se heredó también a las aventuras gráficas. El conjunto de acciones no posibles es casi infinito, por lo que un jugador se encontrará con mensajes como «no puedo hacer eso» millones de veces. Si el juego está bien diseñado, aunque sin perder un ápice de desafío, se trata de minimizar la cantidad de esos mensajes para un jugador medio, ya sea complementándolo con una gran historia o mostrando adecuadamente las pistas necesarias para que llegue a una solución válida, de lo contrario sentirá frustración.

Con todo dispositivo digital, incluso mecánico, se espera una respuesta tras haber accionado algo. De nuevo, esto sucede en todos los géneros, pero en aventuras conversacionales, al no poder ver nada más allá de un bloque de texto, la recompensa que el jugador espera es la de más información novedosa a la que no había sido introducido anteriormente. La recompensa se mide en aquello que posibilita el avance a lo largo de la historia, y esto solo se da por medio de información que despierte en el cerebro del usuario nuevas ideas que se traduzcan en más órdenes para interactuar con el entorno.

En 1985 Infocom lanzó *A Mind Forever Voyaging*, un juego con un trasfondo político para criticar de forma colateral las medidas bélicas de Ronald Reagan durante su mandato presidencial. La aventura toma lugar en Estados Unidos de Norteamérica (USNA) y el jugador toma el control — como jugador-actor — de la primera computadora con consciencia, que sin saberlo se trata de un ente artificial que durante once años reales estuvo viviendo en una simulación (de veinte años) como un humano llamado Perry Simm.

- ✓ Trilogía *Zork* (1980–1983)
- ✓ *A Mind Forever Voyaging* (1985)

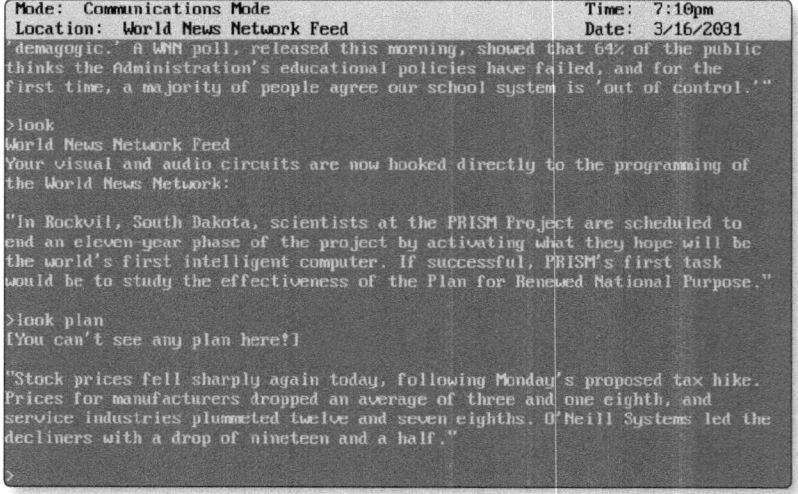

Figura 4.1. *A Mind Forever Voyager* (1985) durante el juego; solamente texto contando la historia y órdenes del jugador para interactuar con el entorno

> *En* A Mind Forever Voyaging *(1985) apenas hay un puzle en toda la historia. ¿Crees que su autor, Steve Meretzky, se adelantó tres décadas al uso generalizado de videojuegos para exponer cuestiones sociopolíticas?*

La manera de moverse es indicando direcciones según los puntos cardinales (abreviados a una sola letra al ser comandos de uso frecuente: «`n`», «`s`», «`e`» y `w`»), y cuando es necesario y es permitido, complementarlo con cambio de alturas («`u`» y «`d`»). En algunas aventuras incluso se permitía ir en diagonal («`nw`», «`ne`», «`sw`» y «`se`»). Esto permite que una habitación pueda tener entre una y diez posibles salidas. En las primeras entregas de la trilogía *Zork* (1980–1983), también de Infocom, se añadía al proceso de descubrimiento, y por tanto de juego, el tener que dibujar sobre papel un mapa que ayudase al jugador a recordar su trayectoria en caso de querer volver a lugares anteriores.

Las descripciones son esenciales, pero hace falta saber *qué* describir y *cómo*. Un jugador no sabe con qué podrá interactuar si no se le indica, pero explicándoselo de manera explícita se le priva de la experiencia exploratoria. Cada sustantivo escrito es un candidato para que el jugador explore y se decepcionará si es solamente un recurso literario sin trascendencia más allá de las líneas de texto con las que no puede interactuar. *Colossal Cave Adventure* (1976) comienza la partida describiendo la zona en la que el jugador se encuentra.

> *You are standing at the end of a road before a small brick building. Around you is a forest. A small stream flows out of the building and down a gully*[2].
>
> Colossal Cave Adventure (1976)

Las primeras intenciones del jugador serán explorar ese edificio y perderse en el bosque. El bosque es una excusa perfecta para crear una zona laberíntica que lleve al espectador a usar la imaginación. Pero «no hay que decir que la luna está brillando, hay que mostrar el destello de la luz sobre cristales rotos»[3]; la técnica de expresión literaria es lo que hace este género. Es mejor dejar las descripciones más inmediatas para cuando se acceda a una habitación, especialmente por primera vez,

---

2   «Te encuentras de pie al final de una carretera frente a un pequeño edificio de ladrillo. A tu alrededor hay un bosque. Una pequeña corriente fluye del edificio hacia un desagüe».

3   Cita apócrifa de Anton Chekhov, aunque derivada de una carta a su hermano (Chekhov 1999).

como en *Zork*, en donde al volver a un área ya conocida, las descripciones eran más cortas y directas al grano, solamente con lo justo para evocar al jugador que ya había estado ahí. Veamos un ejemplo real[4]:

▶ n ↵

```
North of the house

You are facing the north side of a white house. There is no
door here, and all the windows are barred.
```

▶ n ↵

```
Forest

This is a dimly lit forest, with large trees all around. One
particularly large tree with some low branches stands here.
```

▶ u ↵

```
Up a Tree

You are about 10 feet above the ground nestled among some
large branches. The nearest branch above you is above your
reach.

On the branch is a small birds nest.

In the bird's nest is a large egg encrusted with precious
jewels, apparently scavenged somewhere by a childless
songbird. The egg is covered with fine gold inlay, and
ornamented in lapis lazuli and mother-of-pearl. Unlike most
eggs, this one is hinged and has a delicate looking clasp
holding it closed. The egg appears extremely fragile.
```

▶ d ↵

```
Forest
```

---

4   La mayoría de estas aventuras se desarrollaron inicialmente en países de habla anglosajona donde debido a cuestiones gramaticales es mucho más fácil desarrollar analizadores sintácticos al no depender de tantos sufijos verbales. Es por esto que la mayoría de los ejemplos mostrados no se traducen del inglés.

Vemos que al regresar a un sitio conocido solo se nos da la información más relevante, en concreto el nombre de la «habitación» y los objetos que en ella se encuentran si es el caso, de seguro, con los que el jugador puede interactuar. Solo al pedir explícitamente que el jugador mire a su alrededor («`look`» o «`l`») se repite la descripción larga.

A través de esta técnica y sin necesidad de grandes complicaciones, el jugador puede distinguir qué habitaciones ha visitado y cuáles no, y por medio de la descripción corta, estar seguro de en dónde se encuentra sin llenar de texto la pantalla.

4.1.1 Objetos

El inventario es necesario en juegos de aventura, gráficas o no, ya que es el nexo entre el jugador y el entorno, y también permite modificar este llevando ítems de un lugar a otro. Esto multiplica la complejidad y por tanto los puzles, incrementando las posibles acciones.

Los puzles se resuelven combinando objetos con el entorno. Cuando se combinan dos o más objetos para obtener uno nuevo, lo que se está haciendo es crear un nuevo ítem para darle uso en alguna habitación en particular. Al usar objetos con personajes se repite la mecánica, puesto que estos se comportan también como elementos del entorno.

Por medio de los objetos se puede complementar el desarrollo de la historia: hacer que el jugador se pregunte qué hace ese ítem en ese lugar, por qué forma parte el mundo en el que su personaje se encuentra, qué implicaciones tiene para ese universo la existencia de tal objeto, etc.

4.1.2 Diálogos

Los personajes en estas aventuras no están definidos, y cuando lo están son demasiado planos. Son, a efectos prácticos, como cualquier otro objeto del mundo virtual con los que en principio solo se puede interactuar con verbos como «`dar`» o «`hablar`». En el primer caso ni siquiera necesitamos un personaje para ello, no hay diferencia entre «`dar carta a policía`» y «`usar carta con buzón`» salvo que queramos destacar algún aspecto expositivo relevante que afecte a ese policía; en el segundo suelen repetir incesantemente un fragmento de texto que apenas llega a diálogo porque no existe la posibilidad de conversar, una vez más no existe diferencia real, salvo por cuestiones informativas, entre «`hablar con camarero`» y «`mirar cafetería`». Los mensajes de diálogo, al igual que los mensajes de fracaso, son automáticos.

Para evitar esto es necesario contar con un pequeño motor conversacional, que en estas primitivas etapas del desarrollo se traducen en comandos prefabricados con respuestas deterministas. Se trataría de desglosar la acción de «hablar» al estilo del uso de los verbos «preguntar» o «decir». Un ejemplo no del todo real podría ser el siguiente:

▼ `ask merlin about excalibur` ↵
Merlin says: "He who draws the sword from the stone, he shall be king. Arthur, you're the one."

▼ `ask merlin about me` ↵
Merlin says: "I have nothing to say about that."

▼ `tell merlin about me` ↵
You tell Merlin about yourself. He seems uninterested.

▼ `give merlin a hug` ↵
You can't do that.

▼ `give merlin herbs` ↵
Merlin takes your medical herbs and says: "With these herbs I'll make a powerful potion."

La conversación puede dirigirse entrando en un submenú de conversación que aparte al jugador de la partida y solo al despedirse pueda regresar a él. En este caso se muestran las opciones disponibles, que pueden cambiar según la información de la que el personaje principal disponga según sus acciones, y tras haber agotado otras líneas de diálogo. En este caso:

▼ `talk to merlin` ↵
1: "Take these herbs, Merlin."
2: "What should I know about Excalibur?"
3: "We'll talk later. Bye!"

▼ `1` ↵
Merlin takes your medical herbs and says: "With these herbs I'll make a powerful potion."

▼ `3` ↵
"Farewell," says Merlin.

> *Tanto en cuestiones técnicas como narrativas, ¿qué ventajas y desventajas presenta el diálogo dirigido?*

Con este sistema la ilusión de infinitas posibilidades se desvanece para el jugador, pero es un esquema de diálogo que bien empleado puede utilizarse para avanzar en la trama. Las líneas de diálogo más importantes se pueden hacer persistentes para que siempre se puedan disponer de ellas como un recordatorio acerca de la misión del jugador (jugador-actor), que al final es lo que mueve al personaje a alcanzar su objetivo. En conversaciones subsecuentes se omite el diálogo superfluo, pero se reitera en aquello esencial para la historia a costa de tejer un delicado entramado de opciones, pues los jugadores tienden a explorar todas y cada una de estas.

Una original técnica, y no muy complicada, es subordinar algunas opciones de conversación a otras, de manera que, eligiendo cierto tema de conversación, se cierren las puertas a otras líneas de diálogo. Así, el jugador se verá obligado a elegir con un cierto riesgo asociado, llevando de esta manera la dinámica del juego también a la conversación. Esto se puede aplicar al motor conversacional en aventuras gráficas de la sección siguiente.

4.1.3 Diseño

Los recursos técnicos no son lo más destacado de este género porque consiste solamente en tratamiento de texto, y para esto solo se necesita un buen analizador sintáctico (*parser*), que salvo por la voluntaria inclusión de directivas extraordinarias, es muy fácil de codificar. Es este el primer elemento necesario para el desarrollo de programas basados en texto, pero para que todo este fluir de caracteres se convierta en una aventura hace falta un elemento más, la narrativa, que es en lo que estamos haciendo hincapié todo el tiempo, y que consiste en un buen guion y una buena calidad literaria.

El guion es la base, es lo que indica cómo avanzar en la trama, qué conflictos se presentan, y a su vez, es clave para el diseño de la aventura, porque según lo que este requiera, las necesidades técnicas serán más o menos complejas. Si un objeto es portable de un área a otra, si se puede dejar en una habitación un objeto tomado de otra, si se guarda el lugar en qué se han dejado las cosas o si se reposicionan y vuelven a sus lugares originales, si desaparecen impidiendo el avance, etc.

La trama debe llevar asociada una determinación que haga que el personaje principal tenga un motivo para hacer algo, y esto se le transmita al jugador, de forma clara, para que pueda tomar las decisiones adecuadas. Un jugador está en su derecho de tratar de hacer aquello que no tiene sentido, pero si la historia es adecuada y atractiva al jugador, en lugar de centrarse en aquello que no puede hacer, intentará perseguir su meta, que coincide con la del personaje que maneja. En otras palabras, una buena trama es aquella que hace que el jugador-percutor realice las mismas acciones que llevaría a cabo como jugador-actor.

El analizador sintáctico tiene como misión comprender las interacciones e intenciones del jugador, pero tiene que ser capaz de dar solución a aquello que supuestamente no comprenda, como decíamos antes, lo equivalente a los «no puedo hacer eso» y demás frases predefinidas. Algunos programadores han probado con preparar varios mensajes de este tipo que se eligen con aleatoriedad para que el jugador no sienta esa sombra de repetición constante en la pantalla al haber probado varias imposibilidades juntas.

Una manera de alejarse de esta ristra de frases negativas es definir la historia de una manera clara que guíe al jugador sin que este lo sepa, conservando su sensación de libertad a la vez que se implantan en su mente ideas por medio de resaltes en las descripciones — literalmente con énfasis o colores, o mediante una buena exposición literaria — de los objetos con los que poder interactuar. También hay que destacar que un buen analizador puede suplir las carencias de una trama débil, interesante pero no lo suficientemente compleja, ya que este analizador es lo que define *grosso modo* el nivel de interacción.

En cuanto al modelo de preguntas como un caso particular de interactuar con personajes por medio de menús, se esconde la posibilidad de una conversación real eliminando el diálogo auténtico tras ofuscarlo con un velo de artificiosidad muy limitado por la técnica. Una manera de escribir buen diálogo en aventuras conversacionales es llevar la cuenta de qué líneas de diálogo se han dicho y en función de si son relevantes para los puzles, para la narrativa o para ambos, entonces ir descartándolas o no para futuras conversaciones. Este modelo, sin embargo, da pistas acerca de lo que es importante impidiendo que sea el jugador el que lo descubra por sí mismo.

La posibilidad de diseño de aventuras conversacionales es infinita porque el texto no requiere de las complejidades de los recursos gráficos y, por ende, no está asociado a sus limitaciones. Las historias a crear solo están restringidas por la mente del autor, puesto que aquellas que provienen del analizador sintáctico están más relacionadas con la capacidad de movimiento del personaje principal y su interacción con el entorno que le rodea, pero no con la trama argumental en sí misma.

4.1.4 Dificultad

La dificultad viene por dos frentes, la del juego propiamente dicha, encarnada en los puzles que a su vez se alimentan de la trama; y aquella que debe evitarse a toda costa, y es la inherente al sistema con el que se interactúa. Esta segunda no supone un reto ni un desafío para el jugador, sino una molestia y debe solventarse con un buen diseño en el analizador sintáctico. El desafío de los puzles debe estar en consecuencia con la historia.

Con respecto a los puzles, estos pueden ser de varias categorías: los de tipo llave, donde hace falta combinar un objeto del inventario con un elemento del entorno, como por ejemplo, «`usar llave en puerta`» o «`usar bujía en motor`». Es el puzle más tradicional y típico, y exige cierta lógica del mundo sobre el que se narra, así como ser consecuente con la historia y la naturaleza del personaje. De nada sirve que un puzle se resuelva con el comando «`usar válvula en radio`» si no se ha expuesto que el protagonista tiene conocimientos de electrónica, porque existirá una contradicción entre el jugador-actor y el jugador-percutor que arruinará la experiencia.

La dificultad también radica en la navegación a través del área de juego. Los mapas pueden permitir que el jugador avance solamente o que pueda regresar a áreas ya visitadas, y en caso de poder hacerlo, los puzles tienen que ser lo suficientemente sutiles, pero lo necesariamente concretos, como para que, aunque exista la libertad de movimiento, no se pueda llegar a ciertas áreas requeridas por la historia antes de haber desarrollado aspectos de la historia anterior. Un juego podría permitir moverse por una ciudad, pero no poder entrar en el edificio en el que tendrá lugar el último acto hasta obtener la llave correspondiente en alguna escena anterior. El jugador que se ve atascado puede volver sobre sus pasos y comprobar de nuevo las zonas ya visitadas en lugar de verse estático e impotente ante una pantalla de la que no sabrá si podrá salir. En caso de no poder regresar hace falta determinar si el jugador puede perder la partida sin saberlo, esto es, entrar en un estado de fracaso irrevocable, si no ha obtenido el ítem adecuado de un área de la que ya no podrá regresar. Esto es injusto para el jugador, y si es necesario que sea así, debe ejecutarse en consonancia con la historia y sin abusar mucho de ello. Aunque los juegos de aventura ofrecen una mejor experiencia de juego cuando los estados de fracaso, si existen, se muestran automáticamente en lugar de dejar que el jugador pase horas sin encontrar una solución.

Esto nos lleva a la posibilidad de muerte del protagonista. Si el personaje puede morir, el riesgo se sirve más allá de los puzles, pero hace falta tener en cuenta todas las posibles muertes que pueden tener lugar en las habitaciones donde esto sea posible para exponer por escrito lo que ocurre al terminar la partida. Generalmente, este tipo de aventuras son aquellas donde la muerte se evita resolviendo el puzle, pero en estos casos, la posibilidad de darse la vuelta y regresar es casi innecesaria.

Los puzles tienen que tener sentido y estar vinculados de manera unívoca al guion. No se trata de añadir una secuencia de comandos que resuelvan una situación si el sentido inherente a dichos comandos no ha sido explicado con anterioridad. Los puzles han de ser justos y su existencia no debe ser forzada. La mayoría de los juegos de aventuras contemplan la tradición laberíntica. No es obligatorio, pero sí muy probable, que si un juego es de aventuras de corte tradicional, exista un área que exija la realización de un mapa a la vez que genere desorientación al jugador. Su solución es, a efectos prácticos, la resolución de un puzle, pero una vez se resuelva deben aparecer atajos si se quiere regresar a esa área.

✓ *Estación Acuario* (1992)

En *Estación Acuario* (1992), pese a tener potencialmente un argumento muy interesante, se rellenan localidades con laberintos en forma de minas y pantanos, siendo este último portador de una dificultad añadida, pues los objetos que caen en esta área se hunden y desaparecen. Hacer un mapa de la zona se convierte en un completo calvario.

Otro tipo de puzles son aquellos propios de la trama, y las pistas obtenidas del argumento que va avanzando son las mismas que se utilizan para resolver dicho puzle. Esto es lo que ocurre en juegos de detectives, donde aparte de una buena historia es preciso atar bien todos los cabos para que exista consistencia en lo referente a lo criminal para que las pistas sean adecuadas y lógicas. El problema de estas aventuras es que el guion sigue una trayectoria lineal, casi como los demás juegos, pero no exactamente igual, porque en otros tipos de aventura, aunque nada cambie, la experiencia del jugador probando objetos es siempre diferente, mientras que en aventuras detectivescas los puzles de la trama ya están implícitos en la trama, y la experiencia se pierde. No tiene gracia cuando ya se sabe quién es el asesino y cuál es el móvil en una aventura de misterio.

4.1.5 Gráficos complementarios

El hecho de que sea una aventura conversacional y sus orígenes se hayan fundado mediante el cimiento del texto puro, no significa que no puedan disponer de imágenes para complementar su historia sin que lleguen a ser aventuras gráficas *per se*. Lo que caracteriza a la ficción interactiva es la técnica narrativa, las descripciones y la información dada al jugador, tanto en forma como en técnica, que confiera el movimiento argumental, es decir, a la dinámica descriptiva y la cinemática expositiva.

Figura 4.2. Captura de *El Jabato* (1989) en el que los gráficos se utilizaban para complementar la descripción, pero no para dar más información de la expuesta ya en el texto

Ejemplos de esto lo encontramos incluso dentro del *software* español como *El Jabato* (1989) o *La diosa de Cozumel* (1990), ambas de Aventuras AD, y ambas características de un período clave en el desarrollo de videojuegos para las plataformas de antaño como Commodore, Amstrad o Spectrum.

- ✓ *El Jabato* (1989)
- ✓ *La diosa de Cozumel* (1990)

Las imágenes no retiran el componente conversacional, son un extra que reitera la información textual, pero se podría prescindir de estos gráficos estáticos y no se perdería ni un ápice de información ni experiencia en la ficción interactiva. En algunos juegos, en estos diseños — a veces cambiantes si el entorno es alterable — se incluían los objetos que se podían recoger, también especificados en la descripción, permitiendo un rápido reconocimiento de aquello con lo que interactuar.

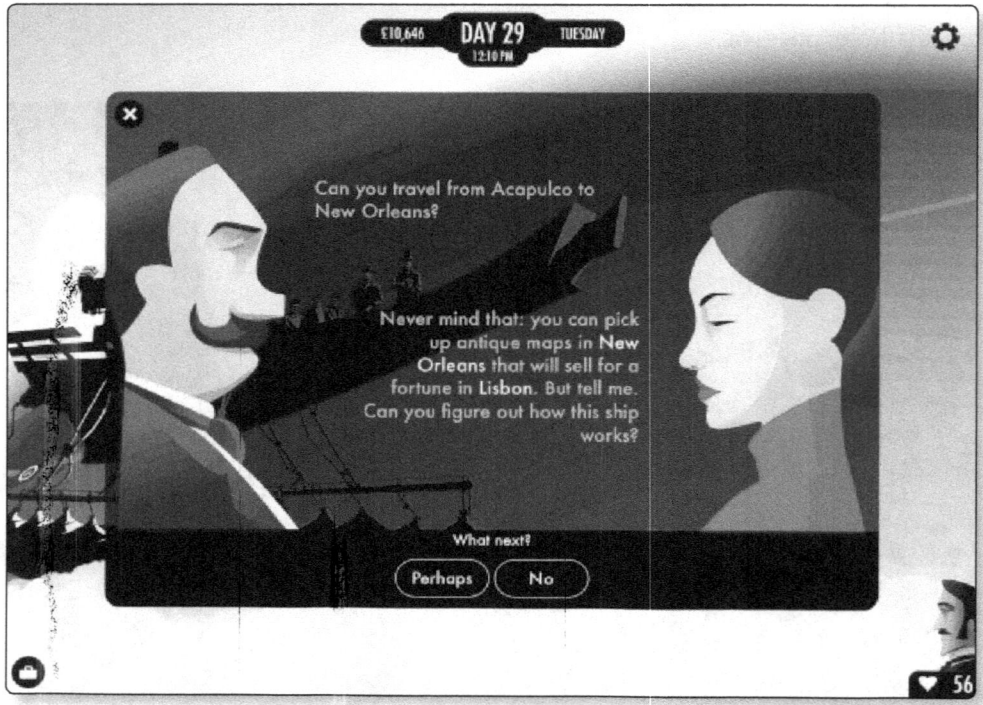

Figura 4.3. La aventura *80 Days* (2014) donde se muestra una conversación con diálogos guiados por opciones

✓ *80 Days* (2014)

Hoy en día este género parece resurgir en juegos tan modernos como *80 Days* (2014), en el que hay que recorrer el mundo como en *La vuelta al mundo en ochenta días* (1872) de Julio Verne, de donde el autor obtuvo la inspiración. Aunque con los añadidos correspondientes a los años digitales y globalizados en comunicaciones que corren, como es el indeterminismo, ya que no siempre que se juega el resultado es idéntico, la planificación de los viajes se puede ejecutar con diferencias de ruta y equipo, y existe también el componente multijugador que crea una competición entre jugadores de diferentes partes del mundo para terminar el juego antes, o lo que es lo mismo en términos de juego, para recorrer el mundo en el menor tiempo posible. Se combinan así dos estilos, clásico y contemporáneo, sin que uno desvirtúe al otro. Y a pesar de todo esto, sigue siendo una aventura conversacional, porque el medio en el que se presenta la historia y cómo se interactúa con el entorno, gráficos aparte, sigue el patrón de la ficción interactiva.

4.2 AVENTURAS GRÁFICAS

Evolución natural de la ficción interactiva donde el jugador tiene que avanzar en la trama como protagonista de una historia interactuando con su entorno y otros personajes. Ahora se cuenta con imágenes, así que se debe cambiar el paradigma del escritor de la aventura conversacional e introducirse en el esqueleto fundamental de las artes visuales: los gráficos.

Todos los juegos cuentan una historia y por ello se podría decir que todos tienen la imprenta del género de aventuras. La historia es el punto principal, del que incluso se podría retirar todo el componente lúdico y seguir siendo una historia, pero que requiere la solución de puzles para poder avanzar en la trama.

> ✓ Serie *Quest for Glory* (1989–1998): híbrido entre aventura y juego de rol
> ✓ *Conquests of Camelot: The Search for the Grail* (1990): aventura y acción
> ✓ *Blade Runner* (1997): aventura cinemática de trama multilineal
> ✓ Serie *Grand Theft Auto (GTA)* (1997–2013): aventura lineal y acción no lineal
> ✓ Serie *Assasin's Creed* (2007–2015): balance de aventura y ficción histórica

Los juegos de aventura se popularizaron exponencialmente durante los años noventa, pero esta trayectoria vino desde mediados de los ochenta, cuando las computadoras comenzaron a utilizar los gráficos y la ficción interactiva en modo puramente textual comenzó a decaer en el mercado. Su única salida fue evolucionar dando a los gráficos la relevancia narrativa que antes no tenía.

La historia se cuenta como una secuencia cinematográfica, pero en lugar de depender de una secuencialidad estrictamente temporal, son las acciones del jugador las que marcan el tempo. Las noches no dejan de ser noches hasta que se ejecuten las rutinas para que salga el sol, y estas suceden cuando la historia lo necesita, siempre girando alrededor del protagonista. En la isla Mêlée siempre serán las diez de la noche (*The Secret of Monkey Island*, 1990) y aunque el reloj de la plaza de la isla Plunder (*The Curse of Monkey Island*, 1997) cambie con la hora del sistema, esto no afecta a ningún elemento de juego. El mundo no cambia si el jugador no provoca cambios. De nuevo, para que se trate de un juego debe haber un desafío; no habría reto si las modificaciones al entorno fuesen intrínsecas a dicho entorno.

Las acciones para avanzar en el hilo argumental vienen dadas en forma de puzles que el jugador tiene que resolver, y estos deben estar relacionados directamente con la trama que se quiere contar, dentro de su contexto. Los rompecabezas adquieren la categoría de los obstáculos contra los que rebelarse para avanzar, pero al contrario que en los juegos de plataformas, donde estos obstáculos son todo aquello que retiene el movimiento físico, aquí impiden la resolución literaria.

4.2.1 Personajes

No es posible contar una historia sin un personaje, ni una aventura sin tener un protagonista y un antagonista. En otro tipo de juegos el enemigo puede ser el tiempo o la gravedad, aquí hace falta declarar las motivaciones de cada uno de los personajes involucrados más que en otros géneros. Es el protagonista el que expone la temática y crea o vive los conflictos de la obra, por eso es la pieza angular que determina este género. El rey Arturo determina el ciclo artúrico; este no podría existir sin este personaje, sin sus inquietudes ni sus valores. Aunque se ponga otro personaje en su lugar y este sea casi idéntico, no sería Arturo Pendragón y daría lugar a otra historia.

En los juegos de aventuras recordamos a los personajes principales. No es necesario especificar el nombre del héroe de *Prince of Persia* (1989), y aunque se indique, pocos lo recuerdan. Tampoco es importante que el general que da las instrucciones en un juego de estrategia como *Command & Conquer* (1995) o el mentor de *Dune II* (1992) tengan nombre. Los objetivos narrativos son diferentes. Una de las mejores prácticas a la hora de diseñar juegos de aventuras es hacerlo como un guion cinematográfico, con antagonistas que tengan sus propios objetivos y traten de perseguirlos, convirtiendo, de esta manera, a los personajes no jugadores en otro tipo de obstáculos que vencer, en lugar de utilizarlos como medio para contar la historia. La historia se cuenta por sí sola en una aventura, según los escenarios y las posibles acciones que es permitido ejecutar, y los diálogos ayudan mucho, pero por sí solos el juego derivaría en un gran texto exclusivamente.

A pesar de contar con cuestiones cinematográficas no podemos depender puramente de ellas porque un juego de aventuras no es una película de aventuras.

No se puede trasladar al Indiana Jones del cine al del juego, el segundo tiene que cambiar su paso, ha de moverse más lentamente, explorar cada habitación, ser más activo en la lógica de los rompecabezas y menos detallista en las secuencias de acción. Si quisiésemos acción para un juego utilizaríamos otro género.

No tiene que ser un personaje perfecto. Volviendo a los ejemplos clásicos, en *Mega Man* (1986) el protagonista es el mejor para la misión que desempeña porque en ese mundo no existe nadie con mayores aptitudes para vencer esos obstáculos. Un personaje de aventuras precisa de un estudio psicológico, aunque sea superficial. Guybrush (serie *Monkey Island*, 1990–2011) no es el mejor pirata en un juego de piratas, de serlo los puzles no presentarían retos; Manuel Calavera (*Grim Fandango*, 1998) tiene debates morales acerca de su trabajo que le obligan a apartarse del camino establecido.

✓ *Space Quest: The Sarien Encounter* (1986)
✓ *Max Payne 3* (2012)

Son esas «fallas» de sus vidas, de sus personalidades o de su interacción con el entorno lo que hace que la historia tenga un sentido y se llenen de motivación. La determinación del héroe de *Super Meat Boy* (2010) no es comparable nunca al de la serie *Max Payne* (2001–2012).

✓ Serie *Space Quest*, (1986–1995): Roger Wilco

El protagonista de *Space Quest* es justo la persona más inadecuada para la misión que debe llevar a cabo. No tiene aptitudes para absolutamente nada y es justo esa característica de ser el pez fuera del agua el motivo de que pueda tratarse como un asunto cómico. Pero también es justo la razón de que haya una gran satisfacción al finalizar la aventura, pues se ha llevado al protagonista desde un estado de incompetente al de héroe.

Los personajes se categorizan en principales y secundarios. Los principales son esenciales para el argumento y deben ser utilizados para transmitirlo además de mostrarse como oponentes, no necesariamente en su carácter, pero sí en cuanto a deformar el entorno en el que se encuentran, lo suficiente para que la solución a los puzles dependa de ellos o para generar conflicto.

> *El primer acto de* Monkey Island 2: LeChuck's Revenge
> *(1991) gravita en torno al personaje de Largo LaGrande. Es un personaje principal que no solo establece el nexo entre el protagonista y el antagonista, sino que ayuda a ver en qué contexto se desarrolla la aventura. Sin el conflicto que genera este personaje la historia sería completamente diferente. ¿Qué aspectos de este personaje se han desarrollado (social, psicológico...)?*

> *Aparte de su aparición en el primer acto, ¿qué otras funciones tiene Largo LaGrande en el hilo argumental?*

Los personajes principales tienen que servir a muchos propósitos a lo largo de la aventura o se obviaría la importancia que les caracteriza. Deben estar atados al argumento porque son el centro de este.

Pero no hace falta explicar el trasfondo de cada personaje cuando este no aporta tanto a la aventura. Los personajes secundarios son aquellos que son solo obstáculos o informativos poco más, personajes planos, a veces demasiado estereotipados que tras su primera aparición no pueden ofrecer nada más a la trama. Un ejemplo sencillo sería el barman de *Monkey Island 2* (1991), cuyo fin es servir de agente para que el héroe resuelva el primer puzle de obtener dinero; o Aziza, la poderosa hechicera de Shapeir en *Quest for Glory II: Trial by Fire* (1990), que provee al jugador con consejos e información valiosa para continuar la aventura.

Otro tipo de personajes son los superfluos, que ni están desarrollados ni sirven de obstáculo. Si los personajes secundarios son planos, estos son lineales, es decir, unidimensionales. Solamente tienen una función, y es, o bien servir como elemento decorativo entremezclándose con el escenario, por lo que dejarían de ser personajes propiamente dichos; o tienen una función cómica o referencial. En el primer caso hay que saber jugar muy bien las cartas para que su presencia no arroje sombra a lo que está ocurriendo en la escena. Tiene que parecer que no están, de manera que si alguno dejase de existir nadie se daría cuenta. Este es el caso de personajes no humanos como el perro que habita en el bar SCUMM en *The Secret of Monkey Island* (1990). El diálogo es fútil, pero la broma no se alarga tanto como para dejar de tener cierta gracia la primera vez que se juega.

Figura 4.4. Primera aparición de Largo LaGrande en *Monkey Island 2: LeChuck's Revenge* asaltando a Guybryush en la entrada de la ciudad. Imagen correspondiente a la versión especial de 2010 con gráficos de alta definición (el juego original es de 1991)

Los personajes terciarios referenciales también tienen sentido cuando la audiencia a la que está dirigida la aventura comparte un trasfondo con el guionista. Generalmente en secuelas se hacen alusiones a nombres o se dejan entrever personajes que alguna vez fueron importantes, pero que no lo son tanto en la actual entrega. Se juega con la nostalgia para aprovecharse de la conexión que el jugador tiene con un personaje del pasado y esperar que se extienda a la nueva entrega. Esto lo vemos mucho en el cine a modo de cameos y referencias.

4.2.2 Dificultad

La dificultad en un juego de aventuras radica en los puzles y en las condiciones que hacen que la partida pueda dejar de ser útil. Las clásicas aventuras de Sierra son conocidas de sobra por alcanzar estados de fracaso mucho antes de que el jugador pudiese ser consciente de ello. Además de lo anterior, también son detestadas por muchos por interrumpir la experiencia de la aventura añadiendo complejas escenas donde literalmente se puede perder la partida como en un juego de *arcade*. Se puede ver como un puzle donde el objetivo principal es no morir en esa escena, pero el hecho de encontrarse con un estado de muerte posible aleja la concepción del videojuego un poco del ámbito de la aventura y lo acerca más al de la acción, algo que no todas las audiencias pueden tolerar.

La competencia de Sierra, LucasArts (por aquel entonces llamada Lucasfilm Games), inició su andadura en este género de la misma forma, pero de manera más relajada. Sí era posible morir en *Maniac Mansion* (1987) o en *Indiana Jones and the Last Crusade* (1989), en este último caso combinándolo muy acertadamente, como la película, con el género de acción, pero pronto abandonó la idea de que el protagonista pudiese morir, y aunque sí existe alguna posible escena donde esto puede ocurrir en sus siguientes éxitos, *The Secret of Monkey Island*[5] (1990) e *Indiana Jones and the Fate of Atlantis* (1992), era imposible guardar la partida en un estado de fracaso irreversible.

La dificultad se tornaba débil y solo se encontraba en los puzles, y en caso de duda siempre se podían probar todas las infinitas combinaciones de todos los objetos hasta dar con la clave. Sin duda, los juegos de Sierra eran un desafío, incluso desde el aspecto técnico, donde para cada posible muerte tenía que haber programado un estado diferente además de un puñado de frases ingeniosas. Era un ejemplo de aprender por muerte en lugar de por exploración, y esta era la premisa que había acompañado a cualquier juego desde el principio del fenómeno. Con el tiempo y hasta nuestros días los juegos de aventura se han vuelto más cinemáticos garantizando una falsa sensación de libertad, pero el género puro en sí ha ido pereciendo lentamente y es muy difícil encontrarlo si no es en combinación con otros géneros.

Con respecto a la dificultad de los rompecabezas, estos también tienen que rimar con la historia que se trata de contar, pero además con la componente psicológica del personaje, o mejor aún, con la psique de la audiencia a la que se oferta. Si para soluciona un puzle se presenta un dilema ético o si las consecuencias de una decisión pueden no ser moralmente aceptables, el jugador estará inmerso en la historia. Claro está que siempre hay otros cuya única motivación es avanzar en la aventura.

Blade Runner (1997) es buen ejemplo de esto. La historia es inicialmente lineal, pero según ciertas decisiones se abren o cierran nuevos caminos que determinan el destino de los personajes. Fue uno de los primeros videojuegos de aventura donde la psicología del personaje no está determinada ni por el entorno ni por el guion, sino que se puede elegir. Este policía del futuro puede interrogar errática o violentamente, puede ser arisco o educado. Definiendo su carácter, sin cambiar el carácter de los que le rodean, se modifican sus respuestas y reacciones. Y es esta psicología del personaje lo utilizado para obtener evidencias para resolver el caso, esto es, las claves para que la narrativa avance en un sentido u otro. Los puzles han de poder ser resueltos siempre con la información que se ha ofrecido al jugador

---

5   Guybrush (serie *Monkey Island*) presume de poder aguantar la respiración durante diez minutos, y precisamente en la escena en la que se encuentra bajo el agua, un contador invisible toma nota del tiempo transcurrido esperando a que el jugador resuelva el puzle entendiéndose que el protagonista pueda morir ahogado si se excede ese tiempo. En efecto eso ocurre y es necesario reiniciar la partida o cargar un estado anterior.

y siempre dentro de las leyes del juego. No se trata de crear complicadas secuencias que no puedan ser resueltas o que requieran habilidades físicas más en sintonía con otros géneros. Los problemas propuestos tienen que venir del entorno, formar parte de él y en ocasiones, mediante la interacción con el jugador, devolver información argumental decisiva, tanto de personajes como del mismo mundo donde se juega.

4.2.3 Historia antes del juego

En los años noventa los manuales de instrucciones estaban acompañados de libros o folletos introductorios donde uno se introducía en la aventura. El caso más claro era *Indiana Jones and the Last Crusade* (1989), que como en la película, el diario de Henry Jones, Sr., daba las claves para resolver algunos puzles. Aunque utilizado más como protección anticopia, permitía que la historia comenzase antes de que empezase el juego. También en busca del Santo Grial, el *Liber Ex Doctrina* que acompañaba *Conquests of Camelot: The Search for the Grail* (1989) invitaba a aprender el ciclo artúrico, muy necesario para saber dar la respuesta adecuada en diversas conversaciones a lo largo de la partida.

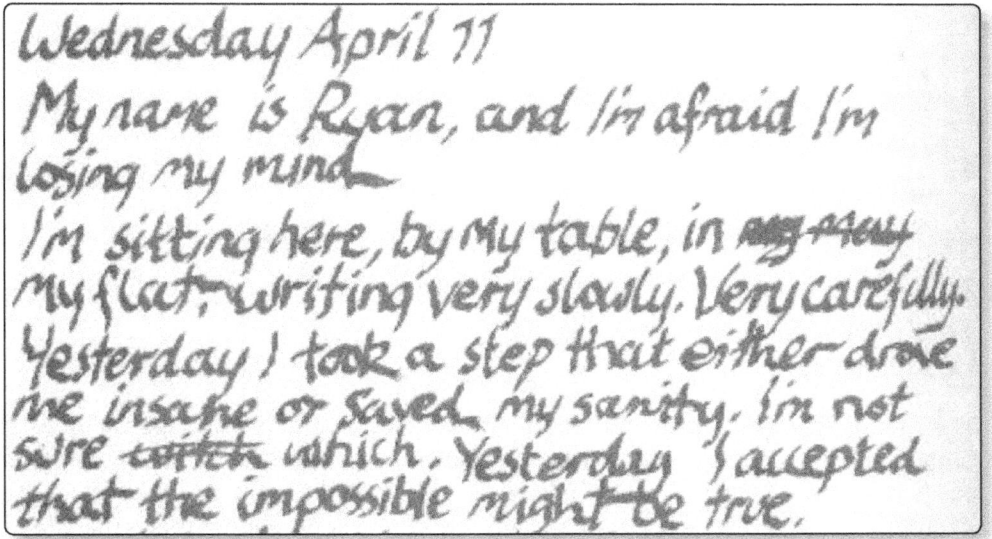

Figura 4.5. Extracto del «Diario de un hombre loco» de *Dreamweb* (1994), en el que su autor, Ryan, parece haber iniciado su camino hacia la locura

Es en videojuegos como *Dreamweb* (1994) en los que se añade información que ayuda a conocer al personaje por medio de su diario, titulado «Diario de un hombre loco» (también por motivos anticopia), simulando los escritos del protagonista durante las semanas anteriores al comienzo de la trama, haciendo que ya desde antes siquiera de encender la computadora ya conozcamos al protagonista y sus temores, contemplando a cada página como su cordura se va desvaneciendo a la vez que su caligrafía se va degenerando.

✓ *Dreamweb* (1994)

A lo largo de este argumento, y ya habiendo conectado con Ryan, el juego presenta un dilema moral interesante que solo puede estar justificado, no por la identificación del jugador con el personaje, sino por la comprensión que surge de la empatía que va naciendo poco a poco, al leer sus palabras.

¿Qué implicaciones tiene el «Diario de un hombre loco» para la narrativa? ¿Cambia la experiencia de juego?

En Dreamweb (1994) conocemos mediante los diálogos un trasfondo muy escaso de los personajes con los que el protagonista se ve obligado a interactuar. ¿Cómo conseguimos conocerlos realmente? ¿Tienen algo que ver el entorno y los puzles para entrar en contacto con ellos?

4.2.4 Diálogos

Los diálogos son una forma importante en la narrativa, en especial en este género. Han de ser relevantes y concisos, fundirse correctamente con el entorno al que pertenecen y estar en consonancia con el registro del personaje que se conocerá a través de ellos. Esto tiene que aplicarse a cada línea de diálogo por separado y no intercalarlas con frases irrelevantes. Pero siendo una aventura gráfica hace falta echar mano de las capacidades visuales. Si en la escritura creativa se recomienda el «muestra, ¡no cuentes!» (*«show, don't tell!»*); en artes visuales más que nunca, esto es, en lugar de «mostrar el destello de la luna sobre cristales rotos», hace falta mostrar en la pantalla esos cristales. Claro está que con los escenarios y la dinámica de cliquear, tocar, o hacer referencia a los elementos dibujados en la pantalla no se precisan las descripciones del entorno, pero la narrativa por medio de diálogos siguen siendo texto.

Figura 4.6. Líneas de diálogo para ser elegidas por el jugador en *Grim Fandango* (1998)

Los largos sermones están bien puntualmente para alguna secuencia automática entre escenas, pero no durante la partida. *Grim Fandango* (1998) toma elementos de películas como *The Maltese Falcon* (1941) y *Casablanca* (1942), donde hay grandes líneas de diálogo, pero juega más con la estética y la naturaleza de los personajes para evocar los argumentos de esos filmes. Todo es aventura lineal y pausada basada en la exploración y reserva la acción como componente visual no interactivo en las escenas automáticas entre actos junto con esos derroches de guion tan poéticos pero que tanto sirven a la exposición.

Las primeras aventuras de Sierra On-Line no disponían de un complejo motor de diálogos porque estaban provistas de un analizador sintáctico. Esto significa que las conversaciones no existían como tales, solo palabras clave que accionaban fragmentos de texto, pero que no tenían por qué formar parte de un mismo diálogo y se podían activar sin un orden necesario. Compensando la carencia de capacidades sintácticas, los juegos de LucasArts hicieron uso de un motor de diálogos efectivo, que aseguraba conversaciones, pero que no permitía salirse de lo establecido. No es que en las aventuras de Sierra sí se pudiese, pero sin duda se le garantizaba esa percepción al jugador. El diálogo tiene que verse como un complemento a la historia, tiene que ayudar a contarla sin alcanzar ningún extremo. No han de ser superfluos ni mucho menos eclipsar a la trama.

4.3 ACCIÓN Y AVENTURA

Un juego de acción siempre lleva asociado una aventura, así que en algunos casos es un subgénero del anterior por lo que combina elementos de ambos. Se centra en la física del mundo, pero utiliza la aventura para desarrollar la trama, ya que es el centro de este género, así son juegos que están dirigidos por la historia y la parte activa, es decir, la de acción, se guarda para la interacción con el entorno.

Pero la acción y la aventura no deben mezclarse, solo auxiliarse. No tiene sentido que durante una parte crítica de la acción se interrumpa con el desarrollo argumental. Cuando esto ocurre la acción debe detenerse, y al no ser un juego de aventuras donde hay que resolver puzles, en ese instante de parada, literalmente no hay juego. Un error de la inmiscibilidad de diálogo y acción se aprecia en *Mega Man X7* (2003), donde los textos y las cinemáticas interrumpen la partida en los primeros momentos al menos.

Si se le va a dar un gran peso a la trama, quizá lo mejor no sea desarrollar un juego de acción, sino un juego de aventura con mínimas secuencias de acción, como *Indiana Jones and the Fate of Atlantis* (1990) o *Codename: ICEMAN* (1989).

Cuando la acción se detiene después de un fin de ciclo como puede ser encontrando una salida oculta o venciendo al jefe del nivel, las secuencias cinemáticas surgen indicando cuestiones de la trama, no durante la partida, porque el jugador no quiere ser interrumpido cuando está formando parte de la acción. Estas secuencias no deben ser obligatorias permitiendo que el usuario pueda ignorarlas si no siente deseos de verse inmerso a efectos argumentales, esto es, si quiere experimentar el juego como jugador-percutor pero no como jugador-actor. Tampoco deberían ser largas, sino proporcionales al tiempo que se le dedica al nivel de acción.

Es un desafío de diseño intercalar la historia durante la acción, pero si es preciso hacerlo así, los mensajes tienen que ser cortos, informativos y no servir para desarrollar la naturaleza de los personajes, solo complementar de forma no interactiva la trama. Aquí no hay un cambio en su mente ni sus objetivos, su misión es, como en el género de plataformas, seguir hacia delante evitando ser detenido.

✓ *Uncharted 4: A Thief's End* (2016)

En ocasiones, los personajes principales necesitan un trasfondo y con ello el jugador requiere información a efectos de lo que la parte de aventura se refiere, pero no larguísimos diálogos. En *Uncharted 4: A Thief's End* (2016) la cinematografía está tan integrada en el juego que un ajeno al mundo de los videojuegos le costaría distinguir entre algunas escenas prefijadas y partes de interacción porque se han combinado muy bien estos dos géneros. Pero al mismo tiempo están separados porque los diálogos que se oyen durante la partida solo reafirman, en forma de frases cortas, lo que el jugador ya sabe de acuerdo con la naturaleza de los personajes ya establecida en las cinemáticas previas donde no hay acción.

Un fragmento de diálogo no interactivo de este videojuego en su parte relativa a la exposición es la siguiente:

Nate. ¿Puedo ayudarte?

Sam. Sí, estoy buscando a mi hermano menor. Tendrá tu altura, más delgado y sin canas en las sienes.

Nate. ¿¡Sam!?

Sam. Me alegra verte, Nathan.

Nate. ¡Dios santo!

Sam. ¡Vale, vale! Con calma, con calma.

Nate. ¿Cómo...? Creía que... ¡Vi cómo te disparaban!

Sam. Y así fue, aquí.

Nate. ¡Dios!

Sam. Los médicos... bueno, «médicos»,... me *recauchutaron* y me devolvieron a la celda.

Nate. Sí, pero... hice varias llamadas. Lo comprobé.

Todo lo que oía y lo que encontré confirmaba tu muerte.

Sam. Nathan, matamos a un guardia. Querían ver cómo me pudría en esa celda el resto de mi vida y casi lo consiguen.

Nate. ¡Dios san...! Te juro que de haberlo sabido...

Sam. Habrías vuelto, lo sé. Nathan, lo sé. Ahora lo importante es que estoy fuera. ¿Sigues conmigo?

Nate. Sí... Necesito aire.

Sam. No irás a desmayarte, ¿verdad?

Nate. Pues no sé. Tengo que digerir esto. ¿Cómo saliste? ¿Cómo has llegado? ¿Y cómo me has encontrado?

Sam. Vale, vale. Echa el freno. Siéntate. Quiero saber de ti.

Nate. ¿De mí? ¿Qué te voy a decir?

Sam. No sé. Llamé a los viejos contactos y me contaron unas historias para flipar.

Nate. ¿Qué historias?

Sam. Medio muerto, colgando de un tren descarrilado en el Himalaya.

Nate. Sí, eso... eso sucedió.

Sam. ¡Vamos! ¿Qué me he perdido?

Nate. No sé por dónde empezar.

Sam. Empieza por lo mejor.

Uncharted 4: A Thief's End, capítulo 4.º

Es un diálogo complejo que provee de exposición a los personajes, de sus intenciones, de su estado actual y emociones. Mediante un reencuentro del pasado con el presente de este protagonista se detallan los elementos que le confieren su determinación en esta aventura. Pero es una escena cinemática donde el jugador no tiene capacidad de actuar, está obligado a ser jugador-espectador, puesto que aunque lo que se muestra forma parte del entorno del juego, no es el juego mismo. En este momento no hay diferencia con una película, pero tampoco puede extenderse mucho en el tiempo o no tendría sentido que fuese un videojuego. El jugador debe tener la posibilidad de actuar.

Se le da un poco de control al jugador con la selección de diálogos que disparan secuencias preestablecidas, pero no cambia nada en la parte de la acción.

Durante la acción del juego los diálogos son diferentes, cortos, concisos, reiterativo con respecto a la información que tenemos y de no ocurrir, no altera el argumento dando nueva información. Es un adorno.

Nate. ¿Crees que puedes hacerlo?

[Escalando una escarpada pared de un acantilado en Escocia]

Sam. Pero, ¿qué dices? ¡Si fui yo el que te lo enseñó!

Nate. Muy bien, vamos a verlo.

Uncharted 4: A Thief's End, capítulo 8.º

No aporta información nueva, como mucho recalca que son hermanos y hay cierta rivalidad sana entre ellos, como corresponde a sus personajes, pero la acción sigue siendo la misma.

Con respecto al diálogo anterior de Uncharted 4: A Thief's End *(2016) y todos los que suceden durante el juego de acción. ¿Qué pasaría si se prescindiese de ellos?*

¿Y los diálogos de las secuencias cinemáticas?

En el caso de querer contar la historia sin introducir tantas secuencias cinemáticas, y que queramos utilizar los elementos del entorno donde tiene lugar la acción propiamente dicha, podemos hacer uso de la simbología dispersa por el medio, siempre que tengamos en cuenta que dependiendo de esta, el sector de audiencia cambia. No todos los signos significan lo mismo en todas partes, o si el juego es lanzado por cierta empresa que desea mantener cierta imagen, esa simbología tiene que modificarse.

Ya estamos tan acostumbrados que siempre comprendemos el mismo significado de ciertos objetos en base a su semiótica: un fajo de billetes, monedas o piedras preciosas para realizar transacciones; un corazón rellena la barra de vida; una llave o una tarjeta permite acceder a áreas previamente cerradas; y un botón o una palanca provoca algún cambio en el escenario. Es más, cuando esto no ocurre parece que sucede algo raro, como en *Castlevania II: Simon's Quest* (1987) donde los corazones sirven como divisa para comprar objetos y no para reponer la salud.

Es un fallo en el diseño de juego incluir botones inoperativos del mismo modo que un fragmento en una película que no añada información o caracterice al personaje.

Esto es válido para cualquier género, aunque excepcionalmente se ve en aquellos donde existe una exposición previa que acostumbra al jugador a una nueva simbología, se pueden tomar ciertas libertades. Sin embargo, en aquellos donde la narrativa es escasa o no tiene como objetivo generar una nueva semiótica, se ha de contar con la herencia de los juegos pasados, que es en definitiva, lo que el jugador espera. Hacer lo contrario es añadir una nueva capa de dificultad innecesaria que puede desencadenar en frustración durante ese período de adaptación que el usuario requiere para hacerse con el significado de los objetos.

4.4 COMBATE EN PRIMERA PERSONA (FPS)

Este género se suele denominar «disparos en primera persona» como traducción literal del término en inglés, *First Person Shooter*, hecho que sucede en las primeras versiones de este género, con el objetivo de eliminar a todos los enemigos utilizando armas de fuego, pero también existen juegos donde lo que prima no es el tipo de arma. El término más adecuado sería «juego en primera persona», o si se quiere hacer referencia al combate en sí, «combate en primera persona». Es difícil hablar de este género sin mencionar otros secundarios, pues el hecho de que sea en primera persona se refiere a dónde está situada la cámara y no necesariamente a las reglas del juego. Obligatoriamente, si no existe posibilidad de modificar la posición de la cámara, el juego debe darse de manera que se favorezca al transcurso de la partida, o lo que es lo mismo, una cámara fija relativa al personaje afecta a cómo el jugador ve al personaje que maneja. Cuando se utiliza la primera persona, el jugador no tiene una visión completa de lo que existe a los lados o detrás del personaje, sino que ambos ven lo mismo. Según el objetivo del juego, se puede entender como el género de plataformas un paso más allá, ya que la determinación de avanzar persistentemente es la misma, pero en lugar de tener que enfrentarse con los obstáculos que impiden seguir, son los eventos inesperados con los que el personaje y jugador se encuentran utilizando el factor sorpresa para ello; o como un preludio de una cinemática interactiva que pretende transformar al jugador en un espectador que observa como agente y actor de un mundo virtual.

El limitado radio de visión limita el conocimiento del personaje sobre el área que explora, y aunque conozca el mapa perfectamente, ha de darse la vuelta y registrarlo para asegurarse de que se encuentra fuera de peligro.

- ✓ Serie *Doom* (1993–1996): después de GT Interactive, Activision tomó el control de las secuelas entre 2004 y 2005, y Bethesda Softworks desde 2010 hasta hoy.
- ✓ *Duke Nukem 3D* (1996)

En las primeras versiones cuando las pantallas eran 4:3 se utilizaba un ángulo de visión de 90°. Al llegar las pantallas anchas con una relación de aspecto de 16:9 o 16:10, el ángulo se incrementó a un valor cercano a los 105° añadiendo una mayor vista periférica.

Todas las ventajas que se ofrecen al jugador a medida que avanzan las tecnologías se convierten, en los juegos en primera persona, también en puntos de dificultad añadidos que hacen más desafiante la experiencia del juego, y esta dificultad se tiene que ver compensada con otros atributos adicionales. Cuando aumenta la vista periférica y el área de pantalla es mayor, la visión del personaje se puede distraer con más elementos. Los ojos del personaje son los mismos que los del jugador y también tienen que recorrer una mayor área para determinar qué elementos son de riesgo y cuáles son inofensivos.

4.4.1 Hilo argumental y personajes

En los comienzos de este género, por medio de una historia lineal se consigue definir los estados de juego de una forma simple que implica un avance sólido pero intercambiable. El personaje puede explorar el mundo a su manera, pero nunca salirse de los límites establecidos, que son muchos, a menos que cumpla con la secuencia de acciones precisas y ya estipuladas estrictamente para poder abrir un acceso a la habitación colindante.

En 1998 se lanzó la primera y revolucionaria entrega de *Half-Life* en la que el doctor Freeman ha de llegar a la superficie. Todas las decisiones que puede tomar están ligadas al entorno en el que se encuentra y no existe posibilidad de romper esa linealidad, pero esta viene dada y determinada por un drama ya estipulado sin el cual no habría historia.

- ✓ Serie *Half-Life* (1998–2004)

Los eventos transcurren a fuerza de un guion estricto donde el único control que el jugador puede tener es el de decidir cuándo acceder a los puntos de generación de acciones, pero sabiendo que si no llega a ellos no se percuta ninguna acción. Las decisiones, aparentemente libres, que se pueden tomar, son en relación al equipo con el que se carga, que es bastante generoso puesto que una persona real no sería capaz de moverse libremente con tanto armamento y munición. Fuera del argumento todo se reduce a una cuestión de física: si el proyectil que dispara el personaje impacta sobre un enemigo, se aplica el daño correspondiente.

Half-Life (1998) fue uno de los primeros juegos *FPS* que combinó pautas de aventura, puramente lineal y que sigue un guion dirigido que guía al personaje a la vez que es activado por el jugador. Como en las aventuras, si el jugador no se mueve, no ocurre nada. En este juego nada habría ocurrido nunca de no ser por las acciones estipuladas que el personaje tiene que llevar a cabo al principio de la partida.

La historia está ampliada paralelamente por medio de sus entregas secuela, *Half-Life: Opposing Force* (1999) y *Half-Life: Blue Shift* (2001) donde se apoya a la narrativa desde otros puntos de vista a través de personajes que intervienen indirectamente durante la aventura. Aunque ya en la última de las entregas se ve un poco forzada la trama, estas expansiones ayudan al jugador a tener una visión más amplia del universo que ocupa su personaje. Tienen un propósito fundamentalmente narrativo. Las mejoras que se añaden, las novedades, son escasas y cumplen el propósito del desarrollo de *software* de incluir nuevas funcionalidades, también a nivel comercial. Pero su valor es estrictamente el de complementar al argumento, sin cambiarlo pues es lineal, contemplando la trama al jugar con la cronología de eventos simultáneos. Así, el guardia de seguridad de *Blue Shift* fue diseñado y puesto en escena a partir del guardia que Freeman ve en el tren de camino al trabajo al comienzo de su aventura; y esto se puede ver recíprocamente, pues es este personaje, Barney Calhoun, el que ve pasar a Freeman mientras espera que le abran la puerta, al igual que en otras partes del juego.

Una vez está establecida la trama principal por medio de Gordon, que actúa a modo de héroe — pese a haber sido el causante (casi indirecto) de todo el caos —,tenemos la posibilidad de introducirnos en ese mundo por medio de Adrian Shephard — antagonista involuntario en *Opposing Force* — que cumple sus órdenes sin saber muy bien qué significan; y a través de los ojos de un empleado que hasta ese momento había sido anónimo y ni se encuentra en el bando científico tratando con portales interdimensionales, ni es un miembro del cuerpo de operaciones especiales intentando silenciar el proyecto sin dejar supervivientes. El protagonista lo es por ser el centro del argumento alrededor del cual todo gira, pero no habla, no tiene líneas de diálogo, como mucho solamente escucha. Esto que era más aceptable a finales del siglo xx lo vemos en la segunda entrega, *Half-Life 2* (2004) como algo más cómico, quizá por estar fuera de lugar en comparación con lo que se esperaba, pero ya no podía ser de otra manera. La audiencia a la que estaba dirigido estaba ya acostumbrada a un Gordon Freeman mudo.

Es por esto que incluso en las secuencias cinematográficas el personaje se encontraba en silencio y dejaba que los demás personajes hablasen en forma de exposición. Todo lo que ocurre es explicado a través de personajes secundarios que activan su línea de diálogo cuando Gordon está cerca, que no puede ser de otro modo más que tras haber cumplido con los parámetros del juego que le han llevado hasta allí, esto es, haber presionado los botones adecuados y activar las puertas necesarias para abrirse paso hacia ese punto en concreto de la aventura.

Esto también sucede en otros juegos, algunos de la misma compañía como *Portal* (2007) o de otras como la serie *Doom* (1993–2016) (gruñir o gritar en situaciones de pánico no es lo mismo que mantener una conversación explicativa). Esta discapacidad vocal del protagonista contribuye extrañamente a una mayor inmersión. El personaje está privado de rostro y voz, y son sustituidas por los del jugador dándole la oportunidad de *ser* realmente el protagonista en lugar de vivir la experiencia del personaje. Sin estos atributos, la personalidad del personaje es nula y se muestra como un marco en blanco que el jugador puede moldear a su voluntad en lugar de adaptarse a lo que hay. Esto favorece a que el jugador sea más actor en un universo dirigido especialmente por la percusión. Es más, la única elección sobre la cual el jugador tiene poder de decisión es justo la escena final, cuando ya no hay más argumento que el que suceda en la propia mente del jugador, y es totalmente reescrita al comienzo de *Half-Life 2* (2004), que toma como punto de partida el mismo final que su predecesor, regresando al determinismo práctico que hace que la historia sea, en esencia, un conjunto de instrucciones secuenciales a la espera de ser activadas por el jugador-percutor, que en este tipo de juegos son el mismo que el jugador-actor. En este tipo de aventuras, todas las acciones del jugador solo pueden derivar en dos estados posibles, el de éxito o fracaso; no existe un punto intermedio.

> *¿Cómo habría sido la experiencia de jugar a* Half-Life *(1998) si Gordon Freeman tuviese la posibilidad de elegir qué áreas visitar? ¿Tendría las mismas vivencias de haberse ahorrado el complejo de tratamiento de residuos o el sistema de raíles?*

✓ Serie *Deus Ex* (2000–2003): aunque después de Ion Storm, Eidos Montreal tomó el control en 2011 hasta hoy.

Poco después *Deus Ex* (2000) fue un poco más allá, y aunque el género principal de este juego es el de *FPS*, está combinado de manera muy equilibrada con géneros de rol y acción. La linealidad comenzaba a difuminarse con más posibilidades. En este caso el personaje no se encuentra enclaustrado en un universo unidimensional, ya que, precisamente debido a las habilidades que el jugador elige desarrollar y de qué forma, los puzles pueden resolverse de maneras diferentes. Para esto es necesario que personajes y niveles hayan sido diseñados en función de los rompecabezas y no al revés, y así activar u omitir ciertos diálogos o escenas.

La historia en sí es lineal, pero gracias a la ilusión creada en el jugador al permitirle optar por diferentes maneras de activar los puzles, ese sentimiento de determinismo se ve ofuscado. Aquí, el jugador-percutor gobierna al jugador-actor. Es este el gran poder de añadir elementos de diseño de juegos *RPG* que hacen más complejo el diseño, pero cambian totalmente el género principal sobre el que el juego ha sido concebido.

Los enemigos actúan de manera diferente según el personaje principal mantenga una actitud sigilosa o una característica de un juego de acción. Esto permite que busquen nuevas rutas, y por ello los combates no sean siempre idénticos. Esto puede atraer a diferentes audiencias, las que juegan a aventuras de espionaje y prefieren utilizar sus recursos en encontrar entradas alternativas, los que gustan de moverse con cautela escondiendo cuerpos de secuaces inconscientes, o aquellos que prefieren destruir ruidosamente todo aquello que se mueva. A causa de esa falta de determinismo durante la partida, que no durante el argumento global, cada partida es una experiencia diferente que permite que el jugador quiera explorar el mundo de otra manera. En este sentido, *Deus Ex* es un juego exploratorio, no solo de las áreas, sino de formas de interactuar con estas.

✓ *The Elder Scrolls IV: Oblivion* (2006)

En ejemplos de combinación de géneros como este es difícil ver dónde acaba uno y comienza otro. *Deus Ex* puede ser visto como un *FPS* o un *RPG*, pero debido a su modalidad de combate urbano contemporáneo y escenas de acción lo categorizamos más como lo primero. En el caso de *The Elder Scrolls IV: Oblivion* (2006) ocurre lo mismo. Debido probablemente a su temática y estética de tierra media se considera un juego *RPG*, pero en realidad no se diferencia tanto de *Deus Ex*. Un personaje se mueve en primera persona mejorando y haciendo uso de sus habilidades, interactuando con personajes no jugadores y combatiendo con enemigos, moviéndose y atacando con sigilo. El motivo de decantarse más por la definición de *RPG* es quizá la existencia de misiones secundarias que tienen un impacto tan grande en la historia, casi tanto o más que la historia principal entremezclado con la exploración libre del mapa. Pero en todo caso, da igual que se trate de un *FPS* con elementos de *RPG* o a la inversa. En ambos hay una historia diseñada para ser contada a un personaje principal que ve el mundo en primera persona.

La historia se cuenta a través de los diálogos e interacción con los personajes secundarios, muchos de ellos son los que contratan al protagonista para esas misiones colaterales que tienen el fin, aparte de la exploración del mundo, mejorar las habilidades. En esos diálogos se puede aprender acerca del pasado de ese mundo virtual, tan denso en la historia que en ocasiones, y para no aturdir al jugador con inmensos diálogos, se ofrece en forma de libro de texto que se puede ignorar si lo que se busca es menos inmersión historiográfica.

Aprovechando que los ojos del jugador coinciden con los del personaje, existe una relación entre las órdenes de uno y las acciones del segundo. Pero también existe una relación a la inversa, donde los impactos sobre el personaje son vividos de una manera más personal por el jugador. Esta doble relación permite que la trama se pueda contar a través del entorno, asociando eventos externos al personaje para que luego el jugador lo reciba a modo de información y así formar en su mente el argumento.

También por lo mismo, en lugar de acción y reacción de elementos físicos y tangibles, se puede esperar una relación emotiva. El personaje actúa como un testigo de sucesos, y en lugar de hacer hincapié sobre el suceso en sí, se proyectan sus reacciones a un jugador que ahora quiere completar su tarea por un motivo personal más que por formar parte de una trama con cierta linealidad. Esto lo vemos en juegos como *Half-Life 2* (2004), donde el trato despótico de los guardias hacia el protagonista genera en el jugador la respuesta adecuada, tanto para ver más justificada su necesidad de huir, así como provocar en él una respuesta de odio, o al menos repulsión, hacia ese tipo de régimen, así como la de satisfacción cuando el protagonista puede vengarse finalmente de ellos.

Pero para poder llevar a cabo tales maneras, todas combinables en mayor o menor grado, estas narrativas requieren de un medio para ser comunicadas al jugador. Los elementos externos que se producen en el entorno han de ser ejecutados en momentos específicos, generalmente cuando el protagonista cumple con ciertas condiciones llave que liberan tales sucesos al alcanzar un determinado punto. La forma a la que más acostumbrados estamos, tanto por cuestiones técnicas como por la herencia del cine, son las secuencias cinematográficas. Una pausa durante la partida en un punto clave para desarrollar, tal y como ocurría en los juegos de acción, para exponer el argumento por medio de diálogos diseñados que dan información a personaje y jugador simultáneamente acerca de lo que ocurre en ese mundo. El jugador-espectador es el que absorbe todos los datos y en su rol de jugador-actor hace uso de ellos por medio del personaje.

Sin recurrir a la pausa cinematográfica, otro medio es el uso de eventos automatizados. Es el mismo caso que el anterior sin convertir al jugador-actor en jugador-espectador. Es la técnica utilizada a lo largo de toda la aventura en *Half-*

Life (1998), por ejemplo, cuando un científico sale corriendo en el momento exacto para que el jugador lo vea de lejos y advierta la existencia y peligro de un próximo enemigo al que tener que hacer frente. Y con esos datos, saber exactamente por dónde ir y planificar una estrategia. De una manera más elaborada y para mostrar visualmente lo poco que se sabe de la trama principal en lugar de elementos puntuales, un ejemplo práctico son todas las personas de la ciudad de Kvatch son desplazadas. Tan solo con verlas el jugador sabe que algo ocurre, y puede hablar con ellos o no, pero sus decisiones en ese entorno estarán ya condicionadas por la empatía con esas personas. Más adelante, en la capilla de Akatosh en esa misma ciudad, es utilizada a modo de refugio para los supervivientes antes de ser trasladados como refugiados a un campamento a los pies de la montaña. Esta información narrativa es dada al jugador tanto visualmente como a través de diálogos.

No es una constante fija que los *FPS* sucedan en un mapa determinado del que no se pueda salir y cuyos límites están ocultos por muros y paredes que marcan una única ruta. Como hemos dicho, muchos juegos que principalmente pertenecen a otros géneros, comparten muchas características con los *FPS*. Pero incluso en aquellos que han sido diseñados explícitamente para este fin, como en la serie *Call of Duty* (2003–2016), que contienen un mapa enorme para explorar, solo al jugar con otras personas existe esa libertad. El modo historia es dirigido. Un militar de rango superior ordena al personaje qué ha de hacer, este se mueve automáticamente formando parte de un evento durante el juego, y solo tiene libertad cuando ya se encuentra en el campo de batalla, pero con un objetivo fijo que debe cumplir. El resto son combinaciones apropiadas de botones en el ambiente dado como secuencias cinematográficas parcialmente interactivas.

Pero cuando se juega con otras personas, el juego se convierte en otro distinto, porque prima el género multijugador. Ya no se trata de seguir la historia porque no hay trama; solo es vencer al enemigo antes que ocurra lo contrario.

Un jugador experimentado se adentra en el juego sin verlo tanto como un *FPS* y más como cinemática interactiva, un género que exploraremos después más exhaustivamente. Y es precisamente este género con esta variante narrativa la que dio lugar a otros formatos para contar una historia. Cuando existe un hilo argumental se obliga al determinismo en mayor o menor medida, y es este lo que restringe los movimientos del jugador. Los personajes no jugadores se involucran poco en la historia y su única función es ayudar al protagonista a avanzar en su búsqueda por llegar al punto de meta, un punto que parece inalcanzable, porque a medida que resuelve un problema, otro obstáculo se genera. Los científicos que Gordon Freeman se encuentra a lo largo del camino no sirven para mucho más que para abrir puertas convenientemente cerradas mediante mecanismos de reconocimiento de retina o para exponer más argumento, como hacia qué lugar dirigirse o con qué otro personaje contactar. Los agentes de seguridad no son muy diferentes, aunque aligeran la cargar del jugador al llevar consigo un arma a la que dan uso disparando contra todo enemigo con el que se cruzan, y ocasionalmente dejándose llevar por estas criaturas que por un instante dejan de ver al jugador como del centro de atención.

Los obstáculos se presentan en forma física como pueden ser plataformas, aparentemente más fáciles de sobrellevar que en los juegos antiguos de dos dimensiones, pues están ligadas a una tridimensionalidad, y justamente por el realismo que se trata de imprimir en ese mundo virtual, requieren mayor precisión.

Pero combinar *FPS* con cierta acción secuencial no es la única manera de contar una historia. Esta fue la clave inicial de las dos primeras entregas de la serie *Deus Ex* (2000–2003), donde el argumento es esencial para el transcurso de la partida, combinado con otros elementos de rol a estudiar más abajo, para conferir una nueva dimensión al juego sobre las ya establecidas. Poniendo al margen todo aquello relacionado con la mejora del personaje por medio de puntos de habilidad, y queriendo hacer énfasis en el sigilo, no se diferencia mucho de *Half-Life*. Con un nuevo motor de inteligencia artificial en el que los enemigos patrullan áreas determinadas, era necesario orientar el juego a un esquema en el que el protagonista pudiese hacer uso de su sigilo para no ser detectado, para no hacer ruido y no llamar la atención de personajes no jugadores que alterasen sus rutas preestablecidas. En *Half-Life* los enemigos esperaban quietos, sin inteligencia, estáticos hasta que un evento los obligase a moverse, como que el personaje jugador entre en su campo de visión.

> *¿Cambiaría mucho la dinámica de* Deus Ex *(2000) de no tener componente de rol en términos de la historia, o solo afecta a las partes de acción?*

En *Half-Life 2* (2004) el argumento es más explícito y se alimenta no solo de diálogos y secuencias como lo había hecho en la entrega anterior, sino que utiliza mucho más los elementos del entorno para enviar información al jugador. Antes de que Freeman se encontrase con los miembros de la resistencia con los que poder tener una conversación introductoria, la sensación de desorientación era necesaria, y esa venía a través de la soledad alrededor del protagonista en un entorno ajeno. Pero los transeúntes, las conversaciones que estos tienen entre ellos y no con el jugador, llenan de vida incluso un ambiente tan deprimente como el que quieren mostrar. El jugador se sigue sintiendo ajeno a la vez que formando parte del entorno. Esta forma de contar la historia, a trozos y sin interacción directa con el protagonista, mediante voces intermediarias de personajes que hablan entre sí, es lo que favorece a que Freeman se encuentre aislado y quiera huir antes incluso de tener una razón para ello.

Tanto en *Half-Life* como en *Deus Ex* se introduce un contexto inicial donde el jugador pueda saber dónde está y qué está sucediendo, aunque quizá no con el completo informe para que ciertas cuestiones puedan ser resueltas en escenas posteriores. Los pasos de Freeman hacia su trabajo tomando el tren cotidiano, es una oportunidad especial para contemplar a través de sus ojos las instalaciones de Black Mesa —sin dejar de utilizar el propio motor de juego para ello en lugar de una secuencia cinematográfica grabada—, siendo esta una manera de informar al jugador quién es el personaje que manejará y en qué entorno se desenvolverá. Los científicos que se encuentra de camino a la cámara de pruebas le explican al jugador, pero a través del personaje, en qué consiste el experimento que dará pie a que suceda el hilo argumental.

Siendo un agente de la Coalición antiterrorista de las Naciones Unidas (*United Nations Anti-Terrorist Coalition*, UNATCO), J. C. Denton recibe instrucciones de la misión que debe desempeñar. Esto sería innecesario si nos quisiésemos centrar solamente en la parte activa del juego, donde neutralizar enemigos, forzar cerraduras y acceder a sistemas de seguridad fuese lo único que el juego permitiese hacer; y seguiría siendo un juego. Pero al introducir una componente narrativa, el juego deja de ser un entretenimiento hueco para convertirse en una excusa para contar una historia.

Figura 4.7. Escena de *Half-Life 2* (2004) en la que el jugador escucha una conversación entre dos personajes aliados viéndolos a través de los ojos de Gordon Freeman

Otra forma de contar la historia sin recurrir a un desarrollo intenso del entorno o de conversaciones ajenas, es mediante diarios estratégicamente colocados a lo largo de los puntos que recorrerá el jugador. Voces o sencillamente texto que va contando la historia poco a poco, sin saturar al jugador, que a la par sirve de descanso entre escenas de acción. En *The Elder Scrolls IV: Oblivion* (2006), aparte de su obvia orientación al rol y centrándonos únicamente en su aspecto de primera persona, para contar toda la historia del mundo alrededor del cual se mueve el personaje, dado que el entorno está fundamentalmente basado en la naturaleza y solo podríamos asociarlo —si no conociéramos nada de él— con un universo tolkieniano, se utilizan dos maneras de introducir al jugador al mundo. Por un lado, se cuenta la historia principal, la que atañe a la aventura primaria sin la cual el juego carecería de sentido. Es esta la que el jugador necesita conocer forzosamente para saber cuál es su misión principal. En segundo lugar, se encuentra toda la información fantástica, demasiado extensa para ser expuesta por medio de personajes y mucho menos mediante enormes secuencias cinemáticas, porque alejaría al jugador del juego. En su lugar se colocan aleatoriamente fragmentos de texto, de lectura voluntaria, que cuentan episodios importantes sobre la historia. Estos «libros de historia» no tienen más importancia que la que el jugador quiera darles, pero la experiencia de juego será diferente según el jugador los tenga en cuenta o no, pese a que las acciones que realice durante la partida sean las mismas en ambos casos.

La verdadera pregunta, tras lo mencionado, repercute en el motivo de la narrativa en estos juegos. Sin una historia que contar el juego sigue existiendo, y de hecho, aun desarrollando una trama, la mayor parte de la partida sucede lejos de ella realizando otras actividades como son luchando contra la gravedad, defendiéndose de criaturas extrañas o sencillamente buscando una ruta. La razón repercute en el jugador, no en el personaje. Con una historia narrativa se fijan de manera más fluida los objetivos y metas que han de ser llevados a cabo. El jugador ahora tiene una razón para hacer lo que hace, dejándose llevar por la interpretación de su personaje, lo que se deriva en un vínculo entre personaje y jugador, pero teniendo en cuenta que cuanto más se vincule con él, más cerca está de ser un juego de rol (*RPG*), aun viviéndolo en primera persona. En otras palabras, el jugador puede conocer al personaje más allá de los controles, y para conocerlo bien, no queda más remedio que entienda sus inquietudes y/o deberes, su entorno y su relación con él. Gracias a la narrativa, el jugador-percutor tiene permiso para convertirse en jugador-actor y disfrutar a otro nivel, desde dentro del juego, no solo viendo lo que ve el personaje, sino sintiendo lo mismo. Con todo ello, el jugador disfruta la victoria con el personaje victorioso, o la frustración cuando es abatido, porque no se trata ya de disponer de más o menos agilidad o capacidad de reflejos, sino de ayudar al protagonista a llegar a su destino.

> *En* Half-Life 2 *(2004), Gordon Freeman huye de los agentes de protección civil. ¿Se generaría el mismo impacto en el jugador sin haber introducido previamente alguna escena de abuso de autoridad por parte de estos agentes hacia los residentes de Ciudad 17 o el mismo Freeman?*

Los *FPS* son los únicos juegos donde la experiencia de del jugador-actor se vuelve más intensa, porque jugador y personaje están más cerca que nunca. Es por eso que la personalidad de los protagonistas está casi siempre en blanco, y es para que esta pueda ser sustituida por la del jugador.

4.4.2 Eventos dinámicos

Si se ha establecido el vínculo entre el jugador y el personaje que controla, la recompensa de uno es la del otro, pero al mismo tiempo, desde el diseño del juego, es preciso incluir ciertos puntos intermedios de recompensas parciales o microrrecompensas que permitan mantener el dinamismo de la partida sin caer en la rutina o el tedio. Esto se puede traducir en los eventos de los que hablábamos antes, que marcan el ritmo de la acción, pero sirven de información argumental y solo dejan de suceder cuando el jugador decide no avanzar. Al ser inevitable encontrarse con estos sucesos al formar parte de un guion, y al estar relacionados con la trama, es inevitable que el jugador se vea envuelto en ella y participe.

Las escenas cinematográficas son fuente de exposición a la vez que también lo son de despliegue de información visual, pero congelan la acción y el jugador se vuelve pasivo, solo contemplando, apartándose del protagonista y siendo un mero espectador. Si se combinan con los eventos se alcanza un punto intermedio donde se expone al tiempo que el jugador no deja de serlo pudiendo manejar a su personaje mientras recibe la información. Esto ocurre especialmente en aquellos juegos donde intervienen copiosos ejércitos y armadas de las que el jugador es miembro y hace falta una jerarquía, una figura de autoridad que dirija la acción. El jugador no quiere verse en ese rol, al menos no cuando se trata de un *FPS* (aunque sí en un juego de estrategia) porque lo que busca es la parte de acción. En juegos como los de la serie *Medal of Honor* (1999–2012) un alto cargo dirige el combate, y es el jugador el que ejecuta esas órdenes. Así el jugador no puede verse perdido y sin saber qué hacer, pues siempre tiene una figura que orienta sus movimientos, pero desde dentro de la historia. No es un simple texto que surge sin emoción ni empatía en la pantalla, sino que se trata de un personaje del juego, de ese mundo, que transporta al jugador al lugar del personaje principal.

4.5 PLATAFORMAS

El jugador se desplaza por la escena evitando obstáculos y enemigos en 2D o en 3D. Puede estar orientado a la acción, la aventura o la exploración.

- ✓ Serie *Metroid* (1985–2016): orientado a la aventura y exploración
- ✓ Serie *Mega Man* (1987–2012): orientado a la acción
- ✓ Serie *Giana Sisters* (1987–2012): orientado a la resolución de puzles
- ✓ Serie *Prince of Persia* (1989–2013): orientado a la aventura cinemática
- ✓ *Another World* (1991/2011): orientado a la aventura cinemática
- ✓ *Limbo* (2010): orientado a la resolución de puzles

Poder posarse en una plataforma o realizar acrobacias entre ellas implica que hay una gravedad que es el centro principal sobre el que gira este género. En este juego hace falta explicar al jugador cómo funciona la física de ese mundo, si hay inercia como en *Super Mario Bros.,* o si no la hay como en *Mega Man*. Al existir la atracción gravitatoria hacia la parte más baja de la pantalla, la mayor causa de pérdida de la partida será precisamente el daño por caídas (si se aplica) o caer en un abismo sin fondo. Solo con esto la dinámica está servida porque el jugador se verá obligado a sortear los obstáculos y realizar las acrobacias solo con el fin de no caer. El juego consiste entonces en no fallar en sus saltos para que el progreso se dé como una consecuencia de esto.

Una vez queda reducido todo el propósito, el diseño del juego debe hacerse teniendo en mente dos propósitos, a saber, buen diseño de niveles y equilibrio entre las habilidades del personaje principal como adaptación al medio, en este caso, la fase.

4.5.1 Narrativa

La narrativa es lineal porque el mundo es lineal, la aventura no tiene que ser excepcional aunque se vaya activando según se alcancen diferentes zonas. Los elementos que modifican al protagonista se van encontrando a lo largo del mapa y están vinculados a la dificultad. En la serie *Assasin's Creed*, por ejemplo, la linealidad se oculta tras un mundo aparentemente abierto, pero la secuencialidad argumental obliga a seguir una trama establecida e invariable.

Es necesario tener una motivación, algo que obligue al protagonista a ir desde un punto a otro, pero más aún, es imperativo para esto haber definido antes a un héroe. Son este héroe y esta motivación las que crean el argumento del videojuego. Así, Samus no vaga por un planeta inhóspito sin más, trata de encontrar el escondite de los *metroides*; el chico sin nombre de *Limbo* trata de buscar a su hermana en un extraño bosque del más allá.

¿Es la estética un elemento utilizado como complemento a la trama?

¿Cambia todo o casi todo el juego si alteramos la estética? Explícalo utilizando Limbo *(2010) como ejemplo.*

En los comienzos, estos juegos se basaban en un héroe que debía enfrentarse a un villano. Véase Mario teniendo que luchar contra Bowser, el secuestrador de la princesa; o *Ghosts 'n Goblins* (1985), en el que el caballero debe destruir al malvado rey demonio. Este tipo de temática se complementa generalmente con el rescate de un ser querido, añadiendo un componente emocional a lo que sin ello sería solo una batalla del bien contra el mal. Por esto, vemos al personaje sufrir en la persecución de su objetivo, no solo por verse en un mundo donde todo a su alrededor está diseñado para acabar con él, sino porque la felicidad de otros depende de su éxito.

Con el paso de los años esta temática no ha cambiado, seguimos viendo el mismo esquema de un héroe que debe salvar al mundo en general, a su mundo personal, o ambos, pero también encontramos nuevos modelos donde el viaje del protagonista es puramente personal y no hay un mundo que salvar, solo se busca a sí mismo, como ente, como ser.

¿Qué busca realmente el protagonista de Limbo *(2010)?*

4.5.2 Caso de ejemplo: exploración y narrativa en *Metroid*

La experiencia del jugador en *Metroid* se basa en la exploración y esta está asociada a la libertad de movimiento o la sensación de la misma por muy limitada que sea (más adelante hablaremos de esto en más profundidad). El jugador puede ir por donde quiera aparentemente sin un recorrido lineal, y junto con el descubrimiento de nuevas zonas, también averigua qué es lo que ha de hacer para seguir su andadura abriendo pasajes o adquiriendo nuevas capacidades.

En el año 2002 se lanzó *Metroid Fusion* como secuela de *Super Metroid* (1994). Ambos juegos son estéticamente idénticos, ambos comparten las mismas físicas y los mismos mapas, pero son esencialmente diferentes. Están dirigidos a la misma audiencia, pero la manera de contar la historia es diferente. Es un claro ejemplo de cómo la historia y la interacción con el medio pueden alterar la jugabilidad.

En *Metroid Fusion* (2002) se elimina la capacidad explorativa antes conferida al jugador porque la manera de contar la historia en esta entrega es decirle al protagonista adónde ha de ir y qué ha de hacer allí. El mismo juego, con el mismo motor y reglas, mismo entorno y estética, se convierte en un juego de moverse entre dos puntos preestablecidos en lugar de descubrir cuáles son esos dos puntos y averiguar qué hacer en ellos. Tan solo por modificar cómo la narrativa es contada, una experiencia de juego se convierte en otra muy diferente. La forma de trasladar el argumento al jugador modifica la manera en la que se juega.

4.5.3 Sector de audiencia

En este tipo de juegos, generalmente el desarrollo viene antes que el argumento, y este se construye posteriormente una vez está establecido ese mundo virtual donde la acción tendrá lugar. Actualmente, la mayoría de los juegos de plataformas se hacen con un gran componente nostálgico, con un estilo *retro* que recuerda a los orígenes. Las jóvenes audiencias de antaño son las que ahora reviven su pasado con estas entregas, pero la nueva generación se ve también arrastrada a un tipo de juego que para ella no tiene asociado sentimentalismo alguno.

Este tipo de juegos, apartándonos del componente nostálgico, siempre estuvo dirigido a audiencias más jóvenes, y a pesar del componente filosófico que se puede extraer de cada historia, no solían tenerse tanto en cuenta precisamente porque quienes iban a disfrutar del juego no disponían de una compleja carga experimental en la vida. Ahora que también se suman a los consumidores de este género aquellos exjugadores adultos motivados por la nostalgia, comienzan a surgir visiones más profundas en los argumentos más contemporáneos.

¿Consideras complejo el argumento de Cave Story *(2004)? ¿Sería igual de complejo si este juego hubiese sido diseñado con un estándar propio de 1990? ¿Para qué audiencia crees que está dirigido?*

4.5.4 Diseño de niveles

El mundo donde ocurre la acción ha de estar en consonancia con el argumento que se transmite por muy diluido que este se encuentre o por muy vago que sea. Sería un sinsentido colocar a Simon Belmont (*Castlevania*) en un nivel del estilo de *Prince of Persia* (1989), ni en cuanto a la estética ni en cuanto a las plataformas en sí mismas.

Hemos dicho antes que es preciso que las habilidades del personaje le confieran a este una adaptabilidad al entorno. Estas características especiales, como saltos más altos o acrobacias en las paredes, pueden utilizarse como un control de seguridad frente al jugador para que no pueda acceder a diferentes áreas hasta haber desarrollado dichas habilidades. El claro ejemplo de esto es, una vez más, *Super Metroid* (1994): el planeta Ceres en el que se desarrolla la aventura está compuesto por varias áreas, y aunque este videojuego de plataformas está orientado a la exploración, hay zonas a las que no se tiene acceso hasta haber obtenido nuevas aptitudes. Esto permite que, como decíamos antes acerca de *Assasin's Creed* (2007), se oculte la linealidad argumental a causa de las restricciones. Un mundo sin reglas no soporta a un juego porque no hay ningún reto. El reto está en superar obstáculos, y estos se definen según su entorno y las interacciones con el mismo.

La narrativa es una consecuencia de la cohesión del mundo y de las reglas a las que este está sujeto. Las físicas entre diferentes videojuegos no son idénticas, son leyes distintas porque son mundos distintos, y son esas reglas las que cambian la experiencia del juego, y con ello, la dificultad o el desafío, que se traducen en la motivación del personaje, que a su vez es lo que al final hace que la historia tenga sentido.

- ✓ *Super Metroid [Metroid III]* (1994)
- ✓ *Giana Sisters: Twisted Dreams* (2012)
- ✓ *Another World* (1991/2011)

¿Qué caracteriza el diseño de niveles en Mega Man 2 *(1988)?*

¿Utiliza técnicas muy diferentes Another World *(1991)? ¿Cómo utiliza el diseño de los niveles para ayudar a la trama?*

Para poder «jugar» correctamente con el jugador, la cohesión del nivel de la que hablábamos anteriormente ha de ser innovadora. Una vez se marca un patrón en estas cuestiones se marca el nacimiento de un concepto. Así tenemos los de tipo Mario y los *metroidvania* (o *castletroid*), combinaciones de conceptos que marcaron un hito hasta el punto de convertirse en subgéneros. Todo lo que no sea innovador cae dentro de un género ya establecido.

Las reglas de la física y del mundo que mencionábamos tienen que ser fijas y deterministas, pero no tienen que ser realistas en absoluto, es más, conviene que no lo sean. Sí, la gravedad «va hacia abajo», pero esto no tiene que ser una norma: puede haber niveles donde la gravedad cambie, siempre dentro de una logística. La clave es determinismo sin realismo.

- ✓ *VVVVVV* (2010): es el cambio de gravedad lo que hace al juego
- ✓ *Ori and the Blind Forest* (2015): aquí solo es un puzle

En *Ori and the Blind Forest* (2015), se cuenta una historia con una gran carga emotiva, que comienza ya desde los primeros minutos de presentación de los personajes. Es una de esas historias de la que no es fácil apartar los ojos, todo envuelto en una atmósfera de gráficos muy cuidados para apoyar la historia. El jugador comprende cuáles son las motivaciones reales del protagonista.

¿Surtiría el mismo efecto el planteamiento de las motivaciones de Ori en Ori and the Blind Forest *(2015) si los gráficos fuesen pixelados? ¿Afectaría al diseño de los niveles o la jugabilidad?*

No olvidemos que hay un objetivo, una meta, excepto en un juego de plataformas basado en la exploración en el que el ritmo calmo rige el paso a seguir, siempre debe haber movimiento. Siempre ha de existir una forma de mantener al jugador en constante determinación por ir más allá. Es aquí donde entran en escena otros elementos externos al mundo digital donde ocurre la aventura que condicionan la partida, como el uso de temporizadores o peligros inesperados si el jugador decide no moverse. Esto se traduce en que si el jugador no se mueve, no solo no puede ganar, sino que definitivamente pierde la partida. Se transforma ahora la aventura en una carrera contra el tiempo.

- ✓ *Prince of Persia* (1989)

Antes dijimos que el objetivo primordial de estos juegos era el «no caer»; ahora lo combinamos con el carácter «contrarreloj». Con estos dos factores se crea el dinamismo que marca el ritmo. En *Prince of Persia* (1989) las vidas son infinitas y cada vez que se muere se recomienza en el nivel actual, que no son especialmente largos, pero el tiempo invertido no se recupera nunca y es tiempo real, de manera que los errores cometidos junto con la inversión temporal para encontrar el camino correcto a través de la mazmorra, se penaliza severamente. Si el temporizador llega a cero, la partida termina definitivamente.

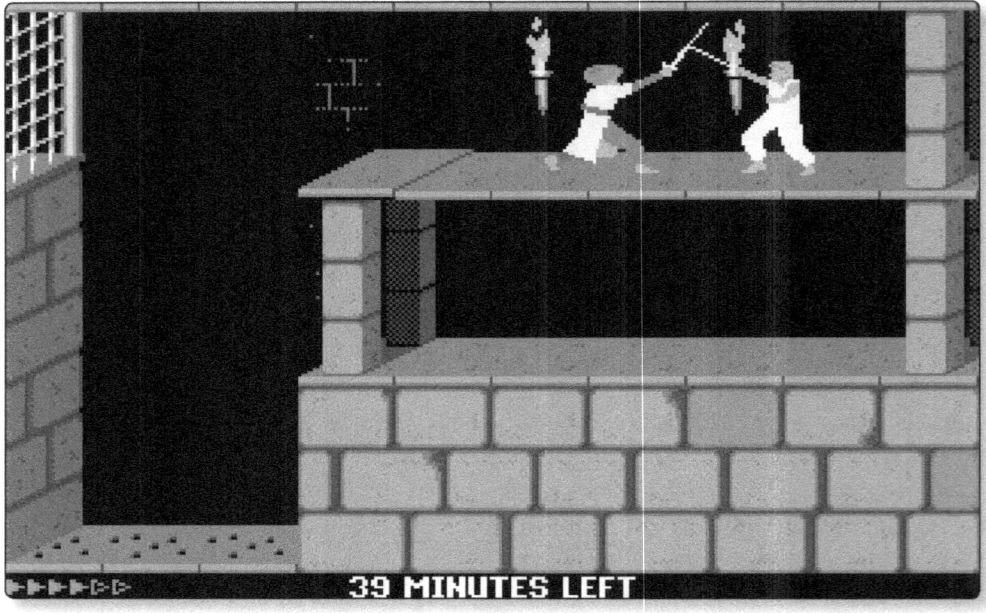

Figura 4.8. Protagonista de *Prince of Persia* (1989) haciendo frente a tres principales obstáculos: los enemigos que le impiden avanzar, las plataformas que le ofrecen resistencia y el tiempo que no espera

¿Cómo afectaría a Prince of Persia *(1989) no tener límite de tiempo para superar todos los niveles? ¿Tiene sentido que el sistema de puntuación en ese juego sea el tiempo restante antes de que la cuenta atrás llegue a su fin? ¿Oculta esto la recompensa argumental al completar los niveles?*

Ayuda bastante a la narrativa, por muy lineal que sea y por muy sencilla que se presente, que las capacidades del personaje sean tales que entren en una simbiosis con el entorno, de esta forma quedarán justificadas todas sus habilidades a la vez que son las que lo caracterizan como personaje y el jugador utiliza para superar los niveles.

> ✔ *Out There Somewhere* (2016)

En *Out There Somewhere*, los disparos del protagonista le permiten teleportarse por la pantalla si impactan en materiales adecuados. Esto determina la naturaleza no violenta de Yuri, el personaje principal, dando pie a que, pese a parecer un juego de plataformas tradicional, las pantallas se completen apelando más a la habilidad de puntería al tiempo que se la aventura tiende a la resolución de puzles y búsqueda de una salida, antes que a destruir a todo indiscriminadamente. Es por esta razón por lo que los enemigos son, salvo excepciones, más obstáculos que otra cosa, su número es escaso y su hostilidad reducida.

4.5.5 Personajes no jugadores

A veces ayuda al desarrollo de la historia entrar en contacto con personajes no jugadores que no tienen más propósito que, mediante líneas de diálogo, añadir información al argumento que no se extrae del entorno. Esto ocurre cuando la sinopsis inicial no es suficiente para explicar lo que pasa o no se quieren desvelar ciertos aspectos de la trama hasta llegar a un determinado punto. Así, se dosifica la información al jugador. Este recurso no tiene sentido si no se utiliza un argumento lo suficientemente complejo para que la información desvelada sea relevante.

> ✔ Serie *Shantae* (2002–2014)
> ✔ *Cave Story* (2004)

En *Shantae*, los personajes no jugadores sirven al argumento. Los «amigos» de la protagonista exponen el mundo y la trama; en esta trama, Shantae tiene que rescatar a genios guardianes que aportan el desarrollo de nuevas habilidades desarrollándose más como personaje protagonista y pudiendo llegar a zonas antes inaccesibles. La manera en la que obtiene esa información es a través de diálogos establecidos con personajes no jugadores.

Ocurre lo mismo en *Cave Story*, pero la narrativa de este es más compleja al ofrecer diferentes finales en función de las decisiones que se han tomado. En este, los personajes no jugadores sirven a ese propósito, ya que la trama se ramifica según qué elecciones de diálogo se eligen o los diálogos que no se inician. Los personajes de *Cave Story* ayudan a dar forma al argumento, en *Shantae* solo lo exponen.

Cuando en lugar de personajes estáticos se añaden otros dinámicos, que siguen al jugador principal y tienen cierta inteligencia artificial, el motivo de su presencia es totalmente diferente. No se trata de contar la historia sino de hacer más activa la experiencia de juego. Esos personajes colaboran con el jugador, accionan puertas y palancas, luchan contra los mismos enemigos del protagonista. En este caso, se da la sensación de trabajo en equipo, aunque sea con un personaje controlado por la computadora.

- ✓ Serie *Lego Star Wars* (2005–2016)

El diseño de los niveles en la serie Lego Star Wars *cuenta con estos personajes no jugadores como ayudantes del protagonista. ¿Hasta qué punto modifica la partida? ¿Se puede considerar este tipo de personajes ayudantes como «juego en equipo»?*

4.6 ESTRATEGIA

La estrategia puede darse en juegos de rondas de turnos, donde el jugador tiene una porción de tiempo dedicada a analizar y ejecutar acciones sin que el tiempo de juego transcurra; y en tiempo real, donde todos los jugadores operan simultáneamente. No hay mucha diferencia en la narrativa en ambos estilos, solo afecta a la manera en la que transcurre la partida.

Se suele basar en la recolección y administración de recursos simples para formar tropas. La dificultad prima sobre el argumento que es interesante solo a nivel de reseña. Ha de estar muy bien equilibrado para que no sea más fácil ganar según a qué equipo se pertenezca. El tiempo transcurre de igual manera para todos los jugadores y está ideado para ser jugado de manera dinámica.

- ✓ *Dune II: The Building of a Dynasty [Dune: The Battle for Arrakis]* (1992)
- ✓ *Warcraft: Orcs & Humans* (1994)
- ✓ Serie *Command & Conquer* (1995–2013)
- ✓ Serie *StarCraft* (1998–2015)

En los años noventa la temática bélica se llevó a un campo más estratégico, de ordenación y disposición de tropas, generación de unidades y mejora de armamento para disponer de un ejército competente y capaz de vencer al enemigo. Cuando el tiempo transcurre a la misma velocidad para todos los jugadores no es una carrera armamentística tanto como lo es contra el mismo tiempo, esto es, se trata de conseguir un ejército o armamento más capaz que del que el oponente dispone en ese mismo instante, y no necesariamente ir a por lo más letal, que en general, suele ser lo que más tiempo consume. Todos los jugadores comienzan en una disposición idéntica, con misma base tecnológica — esta puede variar en diseño y nomenclatura para generar la impresión de diversidad — y misma disposición de recursos iniciales para que al ir adquiriéndolos se pueda comenzar a desarrollar las tropas más elementales.

Es un juego muy bien balanceado la equivalencia de las tropas no tiene que ser idénticamente precisa, pero sí estar equilibrado en las capacidades que ciertas tropas tengan en relación a su número, gasto poblacional y tiempo que se tardan en producir.

4.6.1 Equilibrio entre equipos homogéneos

Si los equipos son homogéneos indica que no hay diferencia entre jugar con uno u otro, y la preferencia del jugador por vincularse con un equipo radica en cuestiones puramente narrativas o por alguna mínima ventaja que pueda luego aparecer, pero una vez se dé este último caso, se rompe la homogeneidad.

Dune II: The Building of a Dynasty (1992) sentó las bases para el género de estrategia en tiempo real[6] tal y como lo conocemos. Su narrativa es la heredada de las películas del mismo nombre que a su vez eran adaptaciones de la saga *Dune* de Frank Herbert. Como todos los equipos son (casi) idénticos[7], la única razón para elegir uno sobre otro es la relacionada con el argumento, que este caso es relativa a la conexión del jugador con los personajes de la novela si la ha leído, o indiferente en caso contrario. Esto no es distinto a jugar a una partida de *StarCraft* en la que todos los equipos manejan a la misma especie.

---

6 Hubo otro juego previo, *Herzog Zwei* (1989) lanzado para Sega Genesis (o Mega Drive), pero combinado con arcade. La estrategia estaba centrada en las mejoras que realizaban en la base mientras se controlaba una única unidad con el fin de destruir la base enemiga.

7 En realidad, es un caso de equipos heterogéneos, pero las diferencias entre ellos son tan sutiles que, salvo para jugadores muy expertos, prima más la conexión del jugador con el trasfondo de los personajes, esto es, el argumento, que las diferencias entre ejércitos a la hora de jugar.

4.6.2 Equilibrio entre equipos heterogéneos

A parte de todo lo anterior el juego se puede diseñar de manera que los equipos que participen sean diferentes siempre y cuando esto no repercuta a favor de alguno de ellos. Por cada ventaja extra con la que se agracie a un equipo hace falta incluir una desventaja o contraprestación para compensar justamente. Al final nunca debe existir un ejército más capaz que otro y las condiciones de la victoria tienen que venir dadas únicamente por el factor estratégico.

Uno de los mejores ejemplos de esto es *StarCraft* (1998). Existen tres especies diferentes con comportamientos distintos. Por un lado tenemos a los «terran» (naturales de la Tierra), no muy diferentes a lo que se ha visto en entregas anteriores de este mismo género, muy neutrales en comparación con lo que ya se conocía en la estrategia en tiempo real de la época. Los «protoss» son una especie alienígena donde por cuestiones argumentales se expone que son mucho más avanzados que los humanos, y esto ha de verse reflejado en su tecnología, por eso sus unidades están protegidas con un escudo deflector que, a efectos prácticos, sirve de doble barra de vida. Lo que puede parecer injusto en un primer lugar no lo es tanto si vemos que lo que tarda en producirse una unidad del ejército «protoss» es el doble que en el caso de los «terran». Aquí, más protección es equivalente a doble tiempo de producción en las unidades. El escudo de los «protoss» es recargable, pero estas unidades inicialmente no pueden atacar a distancia y han de acercarse al enemigo, que utiliza en el caso de los «terran» armamento balístico, de manera que para cuando un «protoss» se ha acercado para iniciar el combate cuerpo a cuerpo, parte de su vida o escudo se haya agotado ya. Los «protoss» no pueden edificar en cualquier parte, hace falta que los edificios se encuentren dentro de una zona de energía originada por pilones, una estructura intermedia que es necesaria erigir antes de edificar el edificio en cuestión, por lo que por cada tres estructuras (aproximadamente) es preciso construir una intermedia, lo que retrasa estratégicamente el desarrollo de la base. Estas razones entre daño/protección, cadencia de fuego/tiempo de movimiento, etc., han sido testadas hasta la infinidad para encontrar el correcto balance.

Aparte de todo esto, no todas las unidades son idénticas. En el caso de los «terran» las unidades primarias y las secundarias son de la misma naturaleza, marines con equipo ligero y con equipo pesado, pero marines de un modo u otro, y por tanto, pese a la diferencia de daño que producen, misma resistencia en el campo de batalla. El ejército «protoss» cuenta con unas unidades secundarias totalmente diferentes, capaces de atacar a distancia con un ataque potente pero una velocidad de disparo lenta. Por si fuera poco, estas unidades ocupan el doble que las simples impidiendo que la población de este ejército pueda crecer tanto como se quiera. De nuevo, estas razones coste poblacional/número de tropas, potencia de ataque/cadencia de fuego, entre otras, son imprescindibles para el desarrollo.

Esta comparativa entre estas dos especies muestra cómo se puede generar un ejército diferente pero en consonancia, de forma que juegue quien juegue, las probabilidades de ganar o perder sean siempre las mismas y solo dependientes de la habilidad.

La especie restante son los «zerg», alienígenas monstruosos que generan tropas a una velocidad excepcional, pero de muy poca resistencia y aguante en el campo de batalla. Por si esto fuese poco, como esta especie basa su tecnología en bioenergía en lugar de la tradicional, los edificios se regeneran automáticamente sin necesidad de exigir explícitamente una recuperación, pero a cambio no puede construirse fuera de una zona especial de biomateria con epicentro en la base principal y se extiende por los edificios colindantes a esta o a otros contiguos a estos. Es decir, la libertad de posicionamiento y expansión de la base queda fijada desde el principio, es inamovible y depende de los edificios construidos previamente. En el caso de los «terran», cada edificio es móvil aunque muy lento, esto implica, que puede cambiar de lugar si es necesario modificar la configuración de la base para adaptarla al terreno. El ejército «protoss» no dispone de ninguna de esas dos ventajas, pero cada edificio está también cubierto con un escudo que lo hace el doble de resistente a ataques. Con esto se ve que el balance entre ejércitos no solo abarca a las tropas, sino también a los edificios.

4.6.3 Narrativa

Desde sus orígenes, la temática siempre ha sido bélica pero los mecanismos para exponerla han variado. En las primeras entregas de este género desde *Dune II: The Building of a Dynasty* (1991) se utilizaban pequeñas pantallas donde un mentor que instruía al jugador acerca de cómo desarrollarse contaba también la historia y mostraba los conflictos, enemigos y objetivos del juego. El jugador sabía qué tenía que hacer, la recolección de especia era una meta esencial para el que el número de créditos aumentase y todas las tropas de un color diferente al de la casa elegida eran enemigos.

Command & Conquer (1995) cuenta la historia sin narrador tratando al jugador como un cargo militar que recibe órdenes de un superior por medio de secuencias grabadas. Estos puntos cinematográficos de exhibición de información son lineales porque la historia es lineal al solo contemplarse dos escenarios posibles: derrota — en el que hay que repetir la batalla en ese punto — y victoria — donde se pasa a la siguiente fase como era esperado—.

Estas secuencias pueden ignorarse, pero no pueden dejar de estar ahí porque son el único nexo entre la historia y el juego, que transcurren por separado, inmiscibles, del mismo modo que lo hace la parte de aventura y la parte de acción en los juegos de acción y aventura (*v.* § 4.3). Así, en la dicotomía juego/cinemática se encuentra toda la experiencia del juego.

Las secuencias cinemáticas tuvieron mucho más impacto en *StarCraft* (1998) como excusa para hacer un despliegue gráfico interesante para esos años, donde se contaba, no la historia en términos generales, sino puntuales fragmentos momentáneos de la batalla desde el punto de vista de soldados y unidades de combate. Se introduce el jugador en la historia desde el punto de vista de aquellas unidades que manejará de primera mano en lugar del comandante que decide qué hacer. Así, el jugador es un líder por comandar sus tropas, pero empatiza con ellas porque conecta con ellas. El modo campaña cuenta con treinta misiones, una por cada especie, llegando a ser un modo de entrenamiento para el sistema del juego a la par que para entender el contexto argumental donde toda la historia toma lugar. Al mismo tiempo, *StarCraft* fue pionero también en inmiscuir la historia durante el juego de una manera no intrusiva. En el modo campaña se va desarrollando una trama, pero los personajes principales que intervienen son figuras importantes también en el campo de batalla con las que el jugador puede contar. La inteligencia artificial es de dificultad variable, pero durante la campaña no se puede modificar porque se trata del proceso de generación de una curva de aprendizaje lineal. El jugador no solo maneja a las unidades de batalla, sino también a los héroes que conforman el argumento que, aunque son unidades extraordinariamente fuertes, añaden el factor estratégico de que deben sobrevivir para que la historia pueda continuar.

En la primera misión de los «terran» se indica a modo de tutorial cómo son las reglas elementales, en la siguiente misión se introduce a Raynor, un mariscal en la colonia de Mara Sara luchando contra la infestación «zerg». Tras abandonar la colonia por la cuarentena impuesta por la Confederación, Raynor se une a la resistencia. Unas misiones después y tras haber establecido el carácter y personalidad de este héroe, se introduce a Sarah Kerrigan, con la que el jugador se vincula a través de Raynor. Todo lo que sigue es desarrollo de personajes, introducción de otros nuevos, integración con el mundo futurista donde se hallan, y avance en el juego mediante operación estratégica.

Tras establecer los personajes principales con esta mecánica (en caso de haberlos) no solo se va desenlazando una trama, sino que se introducen nuevas unidades que facilitan la transición entre etapas diferentes del desarrollo entre partidas con unidades ligeras y otras no tanto. El desarrollo tecnológico de los ejércitos no es una cuestión que hay que equilibrar a la hora de transformar recursos en tropas o edificios, pero también hace falta saber cómo presentarlas gradualmente al jugador cuando se encuentra en el modo historia. Las primeras pantallas de *Dune II* no permitían utilizar unidades de transporte aéreo para acortar tiempos de ida y llegada del recolector de especia, y cuando eso es posible en etapas posteriores en la historia, es precisamente cuando la estrategia de juego es diferente, y en lugar de centrar tanta atención a los recursos en un mapa reducido, el campo de batalla es mucho más grande y el número de tropas al que hay que prestar atención mayor. Es por eso que se facilita esa transición reduciendo parte de la responsabilidad del jugador en un área a medida que se incrementa la dificultad del juego.

4.7 ROMPECABEZAS

Los juegos de rompecabezas existen desde siempre y en ellos no hace falta explicar una historia, solo dejar presentes las reglas para poder resolver el puzle. Estos juegos no precisan ni siquiera de una computadora, son representaciones digitales de elementos de ocio que existen en el mundo real. Juegos como *Tetris* (1984) marcaron una generación, pero las reglas que lo componen no se basan más que en la correcta formar de apilar bloques diversos en una lucha contra el tiempo dependiente de la velocidad a la que las piezas caen. No es preciso contar una historia ni justificar el porqué de esos bloques. Ni siquiera hay una introducción en la partida más allá de exponer las mismas reglas.

Poco después, a principios de los noventa, surgieron juegos como los de la serie *Lemmings* (1990–2006). La complejidad de las normas se vio incrementada y en lugar de mover fichas inertes se proyectaba cierta humanidad a ellas con las que el jugador podía empatizar. En lugar de colocar todas las piezas en la salida, la misión se presentaba en como evitar que esas criaturas muriesen, porque si el temporizador llegase a cero, los leminos antropomorfos explotaban sin remedio. Se había incluido un componente más humano, curiosamente sin incluir humanos virtuales, que provocaba en el jugador una sensación diferente a juegos de la misma época como *Oxyd* (1990). Aquí se controla una canica en un mapa bidimensional sujeta a los efectos de los diversos bloques contra los que impacta. Este videojuego no cuenta tampoco con un argumento, sencillamente se superan los niveles o se ve uno atascado tratando de hacerlo. A diferencia de otros juegos de rompecabezas que pueden ser jugados en la realidad sin necesidad de una computadora, en *Tetris* se juega también contra la velocidad de caída de los bloques, y en *Oxyd* se requiere destreza con el ratón, atributos no aplicables al mundo real.

Con esto, pese a la falta de narrativa, no pueden equipararse por completo los rompecabezas tradicionales a los videojuegos de puzles porque las recompensas son distintas, o de ser iguales, se perciben de manera diferente por el usuario. Cuando un jugador de *Sokoban* (1984) dispone ciertas piezas sobre una mesa para aplicar las mismas reglas de juego que su contrapartida electrónica, en su cerebro no sucede la misma química que al resolver ese puzle en la versión de *Oxyd* o *Enigma* (2007), ni mucho menos en los niveles optativos de *NetHack* (1987), que pese a ser un *roguelike*, contiene también estos elementos para ser jugados a discreción del jugador.

- ✓ *Oxyd* (1990): desde 2002 se comenzó el proyecto derivado *Enigma* (2007)
- ✓ *Portal* (2007)
- ✓ *The Talos Principle* (2015)

Son juegos como *Portal* (2007) los que marcan un punto de inflexión en la historia. Es un juego de lógica, es decir, de resolver puzles en habitaciones que abren otras. Nada de lo que contiene ese juego tan cinemático requiere de una historia, pero siendo obra de Valve Corporation no es de extrañar que hayan optado por ese desenlace. Fuera del ámbito del juego la narrativa se ofrece como reclamo al jugador. La temática no necesita de una compleja estructura de diálogos para sostenerse, se mantiene por sí misma, y aunque el diseño de los niveles es impecable, garantizando así que el jugador no se cansará, se le incentiva con más trama argumental para generar ese suspense. Se presentan muy estudiadas líneas de diálogo que en la mente del usuario se transformarán en preguntas que le obligan a seguir: «¿Podré salir de aquí?, ¿habrá tarta?».

¿En qué afecta a Portal *(2007) que se influya y dirija al jugador mediante una narrativa?*

Por mucho que sea interesante, la historia de *Portal* (2007) es innecesaria para resolver los puzles. Bastaría con mostrar las reglas de cómo se activan y usan los portales, cómo funcionan los bloques e interruptores, y esperar que el jugador ponga en práctica esos conocimientos junto con su ingenio para abrirse camino hasta que no haya más niveles. Y con toda seguridad habría sido así de no ser porque estamos en el siglo XXI, y el desarrollo de videojuegos está ligado a un proceso creativo más que a la venta de ocio sin más de principios de los años ochenta. La historia ya es inherente a los videojuegos porque podemos implementarla, y los juegos de puzles no son una excepción. Ahora bien, cuando se desarrolla una historia se requieren personajes, y tal y como hemos expuesto a lo largo de este capítulo, según qué género han de tener unas cualidades u otras. Si en los juegos de aventura el personaje tiene que ser carente de ciertos atributos para que pueda obtenerlos, en los rompecabezas, teniendo que ejecutar acciones para avanzar, los personajes serán, como en los juegos de acción, los más capaces. Aunque según el tipo de juego muchas de las habilidades del personaje se vayan adquiriendo progresivamente, el personaje ha de ser capaz de resolver cualquier puzle dado en el momento que llega a él, de lo contrario estaremos ante un juego injusto.

En *The Talos Principle* (2014), por ejemplo, el personaje es el más perfecto para desempeñar la misión que se le encomienda de resolver esos puzles interactuando con los elementos de cada escenario para poder acceder a otros, pero su contemporaneidad le confiere esa característica adicional de aventura más allá del género de lógica al que pertenece. Sin esos componentes de aventura que funcionan a modo de historia contando los pensamientos de los últimos vestigios de la humanidad y que le obligan al jugador a preguntarse por cuestiones filosóficas, los puzles seguirían siendo los mismos, la mecánica de los niveles funcionaría igual y seguiría siendo un muy buen juego dentro de su área. Es más, en este caso, el trasfondo histórico que se va descubriendo progresivamente a medida que se abren más niveles, no sirven de incentivo para el protagonista principal, que no tiene más motivación que la puramente lógica, ni ofrecen causa al jugador más allá de la curiosidad por su contenido. Es un componente adicional que enriquece el juego a través de enriquecer ese mundo, dándole un pasado y llenándolo de una esencia de personajes que no se ven, pero se oyen como ecos del pasado, en viejas grabaciones que llaman al jugador. En todo caso es una mezcla entre rompecabezas y plataformas, aunque estas no cumplen un estricto papel de restringir la física del mundo donde Chell se encuentra debido a los portales que ella puede crear para evitar los obstáculos intrínsecos a este género, que son solo solventables mediante la misma herramienta con la que resolver el puzle. Es por esto que no es un juego de plataformas estricto, pues el rompecabezas está precisamente en la plataforma en sí. No se trata de alcanzar a un punto de llegada a través del movimiento del personaje, sino de alterar el entorno para tener camino libre.

Figura 4.9. Imagen de *The Talos Principle* (2015) resolviendo un puzle con los elementos del entorno para abrirse camino hacia nuevas áreas

Si cuentan una historia, ¿por qué no se pueden considerar parte del género de aventura? Pueden, pero parcialmente. La aventura forma parte de estos juegos como un complemento, pero se puede retirar y el juego seguiría siendo tal. Chell continuaría abriéndose paso por esas cámaras utilizando el ASHPD (*Aperture Science Handheld Portal Device*). En los juegos de aventuras propiamente dichos no podemos hacer eso, pero sí lo contrario: de la historia de *The Secret of Monkey Island* (1990) se ha hecho una obra de teatro, una manera de utilizar la trama lineal para trasladar la narrativa a otro medio. De querer hacer eso con *Portal* (2007) o *The Talos Principle* (2014) tendríamos que añadir un argumento más fuerte que estos juegos carecen. Dan la impresión de historia, pero no dejan de ser rompecabezas.

> *¿Qué sabemos realmente de Chell* (Portal)*? ¿Conocemos al personaje más allá de lo necesario para resolver los puzles propuestos?*

> *¿Y en* The Talos Principle *(2014)? ¿Hace falta conocer cuál ha sido el destino de la humanidad?*

Estos dos ejemplos son diferentes, no obstante, en un punto en concreto. Mientras que los aspectos narrativos de *Portal* sirven para animar al jugador a ver qué hay en la siguiente cámara, en *The Talos Principle* hay una trama que se va construyendo poco a poco y que no se revela hasta la parte final del juego, pero es justo aquella que rompe con la dinámica establecida, y en lugar de ser el puzle un obstáculo a superar, se comporta más como un juego de acción contra el tiempo, y en este hace falta un antagonista que se oponga al personaje principal y sus motivaciones y objetivos. Es por esto que aquí hay una narrativa más elaborada, pero para ejecutarla tiene que traicionar la mecánica que estableció durante todo el juego.

4.7.1 ¿Cuándo añadir una historia?

Tanto en *Portal* (2007) como en *The Talos Principle* (2014), las reglas del juego — que son las reglas de los puzles — se conocen a través de otro personaje, que puede actuar a modo de mentor, o puede ser obtenida por contacto con el mismo entorno. Esto es herencia de los juegos *FPS*, y no olvidemos que estos dos rompecabezas mencionados también se juegan en primera persona. Una de las claves fundamentales de esta característica es la identificación entre personaje y jugador, donde el segundo ve y oye lo que el primero solamente ve, y con esto se modifica la respuesta del que controla. La respuesta no está orientada solo a este género, sino a todos, solo que en el resto la respuesta es más evidente. Hace falta una narrativa cuando se requiere una respuesta emocional del espectador, una catarsis que venga dada por medio de autorrepresentación, ya sea utilizando a personajes con emociones propias que actúen de intermediario del jugador, o por medio de evocaciones. En otras palabras, es necesario añadir una historia cuando el jugador se pueda identificar con el personaje, pues no puede haber un personaje sin un contexto y este lo da la historia.

En la serie *Portal* Chell es humana, y su deseo de escapar es transmitido al jugador a través de sus acciones y de su entorno, no de su diálogo, porque es inexistente. Son solo las emociones que el espectador intuye las que le hacen conectar. En *The Talos Principle* el personaje principal es una máquina, no tiene emociones, y son los decorados y la historia fragmentada de viejas grabaciones lo que provocan una respuesta en el jugador. Si no hay personajes como en *Tetris* (1984) no hace falta añadir una historia porque nadie se siente identificado con algo que no genere autorrepresentación, y de ser así, se trataría de una cuestión personal del jugador como espectador en la que el diseño no interviene.

4.7.2 Puzles y aventura

Las aventuras gráficas tienen puzles que hay que resolver.

> *¿Qué diferencia exactamente a una aventura gráfica de un juego de rompecabezas cuando este segundo tiene una historia? O, para los ejemplos que hemos estudiado, ¿por qué no se considera* The Talos Principle *(2014) una aventura gráfica?*

Cuando en *The Secret of Monkey Island* (1990) Guybrush condimenta la carne con flores *Caniche endormi*, está sirviendo al propósito de la trama. Ese puzle está fuera de contexto si retiramos el argumento, porque es una ejecución por parte del jugador de avanzar en la historia en base a los elementos que se han presentado en esta, así como a los objetivos del protagonista.

En el género de rompecabezas, aunque exista argumento por muy complejo que sea, si este se ignora, los puzles siguen ahí y siguen en contexto, siempre que no se pierdan las reglas naturales del mundo virtual donde se encuentran. Un puzle de *The Talos Principle* (2014) va a ser igualmente resoluble ignorando la trama, ídem para las habitaciones de *Portal* (2007) o un mapa de *Oxyd* (1990), que no cambiará por mucho que se asocie una compleja historia a la canica protagonista.

✓ *Machinarium* (2009)

Si en los juegos de género de rompecabezas al retirar el argumento los puzles se mantienen por sí mismos, y en las aventuras gráficas se requieren para que avance la trama so pena de resultar puzles sin sentido alguno, en *Machinarium* (2009) nos hallamos ante el primer caso, pues cumple la definición de juego de puzles, pero a su vez es un ejemplo perfecto de cómo contar una historia que, además se transmite a través de un medio totalmente visual. Los puzles en los que se basa son lógicos y relativos al mundo virtual en el que están contenidos, pero al tiempo la trama se expone tan bien, es tan sencilla pero cargada de esa emotividad, que es inevitable asociarlos a la meta del protagonista.

Figura 4.10. Comienzo del juego *Machinarium* (2009) en donde se presentan instrucciones para resolver el puzle a la vez que se establece el argumento

Podría verse también como puzles puramente lógicos contenidos en un mundo que también es lógico, poblado y dominado por máquinas, como son todos los personajes del juego. Es evidente que los puzles han de servir a perpetuar este estado, y si el protagonista es una máquina, los algoritmos que determinan su inteligencia artificial no dejan de estar constituidos por una lógica rígida. La única manera de que un personaje interactúe con su entorno es por medio de los elementos que comprende, que tiene estructurados en las categorías que maneja. Si su mente es lógica, no puede haber puzles ilógicos porque no existe esa categoría tal y como conceptualiza la realidad.

Pero no podemos obviar, por mucho que los rompecabezas de *Machinarium* sean matemáticos con la férrea lógica que indiscutiblemente tiene el androide caricaturizado que sirve de protagonista, se pueden retirar, modificar, sustituir, etc., y el juego no cambia. En este caso, si retiramos el argumento, los puzles restantes siguen existiendo (esta es la definición de género de rompecabezas), pero si retiramos los puzles, nos queda una historia lineal y determinista presentada en magníficos escenarios dibujados a mano, en el que no podemos hacer otra cosa más que ver el desarrollo de la trama sin alterar el destino de los personajes (esto encaja con lo que más adelante llamaremos cinematografía cuasi interactiva).

El sistema de bocadillos con ideogramas no es exclusivo para contar la aventura, sino que funciona a la vez de mecanismo para explicar la lógica de los puzles indicando, de manera pictórica, qué hacer y cómo, o qué se requiere y con quién interactuar. Esto significa que confluyen en el mismo medio de comunicación con el jugador, la lógica de los rompecabezas al tiempo que los detalles de los personajes. Por esta doble funcionalidad, puzles e historia se confunden tan fácilmente.

En Machinarium *(2009), ¿son los puzles consecuencia del argumento, o el argumento consecuencia de los puzles?*

La cuestión es que el juego cuenta una historia que se va desvelando en fragmentos a medida que se van resolviendo puzles. En otras palabras, es un juego rompecabezas donde la recompensa para cada uno de los puzles es un poco más de la historia, que está ligada al personaje por medio del cual el jugador los resuelve.

4.8 SIMULACIÓN

Este es un caso muy particular. La simulación es una imitación de la realidad, y como tal se trata de emular las leyes naturales que están relacionadas con los objetos que quiere representar. Técnicamente hablando, todos los juegos son simulaciones porque todos utilizan elementos reales para dar vida a un mundo virtual, aunque nos referimos al género de simulación cuando el objetivo del juego está relacionado con esa misma imitación de la realidad.

En este tipo de juego la narrativa no está determinada; no hay argumento, solamente hay una premisa fija que marca el objetivo principal, que sea cual sea, se puede resumir en tener más poder que los elementos ajenos al jugador que actúan como antagonistas.

> ✓ Serie *The Sims* (2000–2012)

En los juegos de simulación urbanística como *SimCity* (1989–2014) o de simulación mercantil como *The Patrician* (1992) el objetivo es siempre obtener más beneficio que gasto para que la partida continúe. No hay personajes, por lo que no hay una historia que contar. Fue *The Sims* marcó un antes y un después en la forma en que se desarrollaron los juegos de simulación social. Muchos juegos como la serie *Singles* (2003–2005) y en especial *The Ville*[8] (2012) tuvieron una clara inspiración en esta serie. El proceso de creación de los personajes es muy similar al de los *RPG*, pero con el matiz de que no se eligen sus estadísticas para que el personaje haga uso de ellas como jugador-actor, sino para que esas nuevas vidas virtuales queden bien definidas en términos de todas las variables que determinan una personalidad en ese mundo virtual. Es por esto que los atributos no determinan aptitudes físicas, sino psicológicas, como extroversión, pulcritud o seriedad.

Cuando fue lanzado *The Sims 2* (2004), el jugador no solo daba vida a nuevos pobladores del sistema (llamados *sims*) creándolos como quisiese, sino que tenía la posibilidad de mantenerlos por generaciones viendo a todos sus descendientes nacer, ahora siendo sus personalidades y aspecto físico deducidos a partir del de sus progenitores.

El jugador no sigue una trama porque no existe, pero como un ser supremo, elige directa o indirectamente el destino de los personajes a los que ha dado vida escribiendo su propia historia, aunque con cierta incertidumbre que es necesaria para que exista juego, y con cierto riesgo. Un personaje, por orden del jugador, puede optar por un empleo de entre una serie de ellos, pero ha de aprender el oficio, mantener la disciplina de los horarios y compaginarlo con las otras cuestiones que hacen que la simulación sea tanto más fiable cuanto más variables maneje. Las recompensas se muestran en forma de dinero que el personaje gasta como disponga el jugador.

---

8   Demandado por Electronic Arts (EA) dos meses después de haber sido lanzado por haber infringido los derechos de autor de *The Sims Social* (2011), una adición a la serie *The Sims* para Facebook (Stuart, 2012).

No sería una simulación autónoma sin permitir cierto grado de libertad sobre los personajes, que al contrario que en otros juegos de simulación, no dejan nunca de seguir sus vidas incluso sin la presencia del jugador. *The Sims* tiene un complejo motor de inteligencia artificial que permite que los habitantes tomen sus propias decisiones basadas en sus necesidades, en su personalidad, pero también en los hábitos que han desarrollado por fuerza de obedecer los deseos de la pila de órdenes que el jugador comandó a lo largo de toda su historia.

El jugador desea ver un resultado de la simulación y para ello altera las variables sobre las que tiene el control contrarrestando el efecto de aquellas invisibles para él, así escribe su propio argumento, que va quedando en el pasado a medida que continúa la partida siempre con vistas al futuro. El juego en verdad es poder ser capaz de plasmar la trama que se imagina, a veces sin saberlo y solo jugando por inercia, luchando contra todos los obstáculos que se presentan en forma de horarios, relaciones sociales y compromisos. Para cumplir esto tiene que hacer frente a la mecánica del juego, que se basa en las minitareas encubiertas que se pueden ejecutar, que van desde realizar acciones elementales relativas al estado «normal» de la casa — que es donde transcurre el juego — según el jugador, hasta incrementar un nivel en una habilidad de personaje. Cuando se cumple una de esas tareas, siempre hay otra para ser satisfecha, y dado que los personajes están en constante movimiento, sus inquietudes y necesidades van cambiando, obligando al jugador a intervenir sin darse cuenta de que, a veces, en este juego el único movimiento ganador para resolver el conflicto puntual del personaje es no actuar.

Este concepto no es tan del siglo XXI como se piensa. En los ochenta se lanzó *Alter Ego* (1986), aunque no tan dirigido a ver de forma literal cada movimiento de un personaje instantáneamente después de añadir una orden a la pila de comandos. Más bien estaba orientado a ver cómo afectaban al desarrollo de un personaje ciertas elecciones tomadas a lo largo de su vida, decisiones clave relativas a cuestiones sociales tras las cuales el jugador veía su evolución a lo largo de varios años. Estas resoluciones vitales, aunque dadas en puntos esenciales, son consideradas a largo plazo como puntos de inflexión que marcan a un individuo para siempre.

El jugador de *Alter Ego* tiene la opción de elegir los detalles de la personalidad del personaje, y puede escoger en qué etapa de la vida comenzar escribiendo la historia por medio de las respuestas a las decisiones que toma. El jugador es desconocedor de los eventos que sucederán en el futuro, pero esculpe en el personaje el tipo de respuestas que debe dar esperando que conformen su carácter para cuando se tope con retos mayores.

Como la narrativa en este género se crea a discreción del jugador, no es posible añadirla, pero sí hace falta incluir todos los mecanismos que permitan que una narrativa pueda ser generada combinando elementos activos de juego, como son los empleos o relaciones en *The Sims*; como con otros pasivos, como los son las extrañas conversaciones que mantienen esos seres, que surgen sin control del jugador a causa de temas de interés personal y de eventos realizados durante su vida, en especial la actividad reciente.

El juego debe permitir que las elecciones del jugador alteren los aspectos de una trama que no está aún escrita, y con ello influir en otros personajes y su entorno. Cuando se juega a *The Sims 2* no solo se maneja a una familia, se maneja a toda una urbanización, y todo aquello que modifique el comportamiento de un *sim*, afectará a todo el conjunto de pobladores. Los *sims* reaccionan a mucho más que los comandos del jugador. Poseen una recolección de recuerdos que alteran las decisiones que toman por sí mismos, y varían en función de personas y objetos que ven, todo ello influenciado por sus personalidades y estados de ánimo. Cuando entablan una conversación, lo hacen hablando de trivialidades que tienen como base sus recuerdos. Modificar uno de estos implica que se influye de forma distinta en cada interacción con los demás, que pueden ser miembros de su familia, o sencillamente vecinos que vienen de visita, que no son otros más que personajes controlados por inteligencia artificial al no estar el jugador jugando con ellos.

Por esto es tan importante saber cómo forjar en los personajes costumbres que alteren su comportamiento cuando se hallen en libre albedrío, pero también cómo disponerlos en un entorno que se adapte a sus necesidades, tanto estéticas como funcionales. Así es como se le brinda al jugador el control sobre la narrativa.

4.9 CARRERAS DE VEHÍCULOS

Aunque también se puede considerar un subtipo de simulación, las carreras de coches tienen componentes que no caen dentro de la categoría anterior. La física es estricta como corresponde a una simulación, pero encajar una narrativa en este tipo de juegos manteniendo como protagonista al vehículo o a un personaje solo en su faceta de conductor es la clave para no caer en otro tipo de géneros.

Los videojuegos de carreras de vehículos no requieren narrativa de por sí, solo una buena emulación de la realidad, algunas que solo tengan un buen motor físico, como la serie *Need for Speed* (1994–2015), en donde solamente existen los vehículos y las pistas por donde circulan; otras con un medianamente complejo motor de circulación de vehículos controlados por inteligencia artificial para dar la sensación de realismo junto con el conjunto de normas del código de circulación para penalizar al jugador si incumple la ley.

Cuando se quiere añadir una historia alrededor de un juego de carreras hace falta disponerla de forma que esta esté supeditada a la dinámica de las carreras en sí, y no al revés. Un referente en videojuegos asociados a vehículos es la serie *GTA* donde precisamente los vehículos son los protagonistas. En cualquier entrega manejamos aun personaje diferente, sea Claude, Tommy Vercetti, Carl Johnson, Michael de Santa, etc. Pero en todos ellos se mantiene la constante de que las reglas del juego están asociadas a la destreza del jugador manejando vehículos y de cómo estos pueden ser utilizados para completar las misiones.

> ✓ Serie *Driver* (1999–2009)

Sin embargo, a pesar de que la serie *GTA* gira en torno a la simulación de vehículos, contiene muchos más elementos que la llevan más en la categoría de mundo abierto con el matiz de que las misiones vinculadas a una trama principal o al desarrollo de las habilidades del personaje, si las tiene, requieren de vehículos.

Un videojuego que exploró este aspecto de la serie *GTA* y se centró en ella descartando toda la interactuación que existe con el mundo abierto, viéndolo solo como el componente en el que la trama puede existir y en el que los vehículos pueden moverse, es la serie *Driver* (1999–2009). Hay un argumento, hay personajes, pero jamás los manejamos salvo cuando están conduciendo, esto es, controlamos el vehículo, no al protagonista, aunque este sirva simbólicamente de medio para acceder al automóvil.

Solo por medio de escenas cinematográficas se exponen, al modo de un juego de acción, esto es, solo contemplando como espectador sin interactuar, los dispositivos que dan una explicación más o menos coherente a la historia que se trata de contar, que no es en realidad, más que un pretexto para poner en situación al jugador.

> *¿Qué resulta de* Driver *(1999) si retiramos el argumento?*

Si hay más vehículos en la carretera hace falta determinar cómo se van a comportar. Si son solo obstáculos para el jugador o tienen una determinación fija, un destino al que se dirijan en lugar de circular aleatoriamente por un mapa solo para ofrecer resistencia al jugador. Resistencia que por otro lado es necesaria para que el juego revele un desafío, basado en habilidad que depende íntegramente del jugador, no del personaje. Este último solo da los medios y capacidades para que el jugador pueda expresarse, es el medio, el nexo entre jugador y vehículo. Es posible que tenga puntos de habilidad, pero eso no representa su verdadera destreza frente al vehículo, sino bonificadores que hacen más permisiva la ejecución de órdenes del jugador cuando comete un error al tratar de realizar una maniobra.

Cuando se trata de competir, el gran divertimento de los juegos de carreras no es siempre manejar a un personaje para ayudarle a avanzar a una trama que puede ser retirada sin las contiendas contrarreloj y a veces de habilidad al volante virtual. Lo que interesa en los videojuegos de competición es el duelo con otras personas, ya sea compartiendo habitación o a lo largo del mundo por medio del modo multijugador. Este es la verdadera finalidad de la serie *Mario Kart* (1992–2017), que siendo una caricatura demuestra que en la simulación no hace falta ceñirse tanto a la realidad al margen de la física intuitiva y la noción del tiempo requerida para establecer una relación de orden y así determinar quién es el ganador.

Vemos el mismo patrón de comportamiento en el modo multijugador de los *GTA*, que aun siendo un mundo abierto que ofrece muchas opciones más allá de las carreras, los que optan por entrar en una competición, lo hacen para batirse con otros seres humanos, y no con personajes no jugadores. Pero cuando entramos en este modo de juego lo único que importa son los jugadores, el tiempo, y el mundo que sustenta las reglas físicas que imitan a las reales, no la narrativa.

Lo que sí debemos tener claro en cuanto a este género es que los verdaderos protagonistas son los vehículos, no los personajes. El jugador no elige con qué personaje quiere conducir, sino qué automóvil manejar. En el videojuego *Stunts (4D Sports Driving)* (1990), cuando el jugador quería competir contra la computadora, debía escoger el vehículo del oponente y un contrincante virtual, que mostraba su alegría o frustración al ganar o perder respectivamente. Estos no son personajes de juego, son una estratagema para personificar el nivel de dificultad antes de la iniciar la marcha, y aprovechándolo para intentar arrancar una respuesta emocional del jugador tras la carrera. Lo que realmente importaba eran las características de los vehículos, que eran los auténticos protagonistas.

4.10 ROL (*RPG*)

El nombre que califica este tipo de juegos es una traducción directa del inglés *Role Playing Game*. El hecho de que el nombre de los videojuegos de rol coincida con el de los juegos de rol de mesa son los aspectos en común con respecto al desarrollo del personaje en forma de experiencia y habilidades, pero irónicamente no necesariamente con respecto a la componente de rol en sí misma. En un juego de rol se ha de interpretar un papel que está asociado al personaje que se controla, y es por esto que aunque hay un gran repertorios de juegos de rol vistos en tercera persona como la serie *Diablo* (1996–2014), también se producen haciendo uso de la primera persona, como en la serie *The Elder Scrolls* (1994–2013), lo que ayuda en gran medida a la interpretación aunque no como se hace durante las partidas de mesa, sino más en lo concerniente a la mente del jugador, favoreciendo la inmersión y por tanto la experiencia de juego. Es por esto que es una gran combinación la de *RPG* con primera persona.

En resumen, se puede describir estos juegos como aquellos basados en el desarrollo de las estadísticas y características que definen al personaje, generalmente con un complejo sistema de lucha. Pueden ser de acción o tácticos, y pueden estar también orientados a la aventura.

- ✓ *Diablo* (1996): inspirado en el subgénero *roguelike*
- ✓ Serie *The Elder Scrolls* (1994–2013): orientado a la aventura

Los juegos de rol suceden generalmente en mundos fantásticos (el término correcto sería maravillosos, donde todo lo extraño se considera normal, mientras que lo fantástico es ajeno a lo esperado), y exponer este mundo pide una gran consistencia en la narración.

Se puede entender, desde el punto de vista narrativo, un juego de rol como un juego de aventuras donde el personaje evoluciona, no solo psicológicamente, sino también en sus atributos físicos.

4.10.1 Narrativa

Los aspectos narrativos se dividen en dos categorías: aquellos relacionados con la trama principal, que es la que mueve al jugador de un lugar a otro y ha de ser lo que capte su interés para provocar el deseo de alcanzar esa meta, generalmente asociada a alguna recompensa; e historias secundarias, con poca o ninguna trascendencia con respecto al argumento principal, y con base fundamental de ayudar al personaje a mejorar.

Figura 4.11. Captura de *The Elder Scrolls IV: Oblivion* (2006), donde se hace uso de la primera persona (aunque también se puede jugar en tercera) para incrementar el papel del jugador-actor

Cuando discutíamos sobre los juegos *FPS* mencionábamos algo similar, y es natural, pues ambos géneros están vinculados de alguna manera, ya que son fácilmente combinables. Con la primera persona se incita al jugador a actuar como el personaje, esto es, favorece a los juegos de rol. Habiendo definido «de rol» en función solo del desarrollo estadístico de aptitudes y habilidades, cualquier juego, en primera o tercera persona, con vista lateral o cenital, entraría dentro de esta categoría todo juego de cualquier otro género que cumpla tal definición. Sin embargo — y aunque no siempre es así — una de las características que debe tener todo juego de rol (dentro de lo permitido por los parámetros técnicos) es la libertad de decisión.

Para el desarrollo de la historia en los *RPG* hace falta un entorno explorable, pues el protagonista, en su búsqueda por cumplir la tarea principal de la trama así como la de mejorar sus habilidades, ha de ser explorador de ese mundo, por lo que muchos elementos de este deben permanecer ocultos para ser descubiertos. Muchas de las misiones con las que el jugador se topa no deben de llamar al jugador, sino todo lo contario, es el personaje principal quien ha de averiguar dónde se encuentran, yendo por senderos ocultos o caminos sin señalizar de ninguna manera, ni a través de los elementos del entorno, ni por medio de pistas o sugerencias. Es esta ofuscación de los elementos del mundo en los que se mueve lo que genera la aventura, pues el paso previo antes de embarcarse en una misión, es la propia aventura de haberla encontrado, que se percibe como una recompensa por parte del jugador sin que siquiera se modifiquen sus atributos ni se obtengan nuevos objetos. Esos hallazgos son una recompensa en sí misma pero también lo son efectivamente, ya que se abren nuevas vías de movimiento del personaje y el mundo en el que se encuentra se incrementa.

Figura 4.12. Proceso de creación de un personaje en *The Elder Scrolls V: Skyrim* (2011) donde se moldea y configura su apariencia

Como se espera que el jugador se comporte de acuerdo con un rol, aunque este sea todo lo contrario de lo que debería, es necesario que su ligadura al personaje que maneja sea estricta y densa. Como en los *FPS*, la personalidad del protagonista ha de estar en blanco, y si ha de ser definida, es el jugador quien tiene todo el derecho a moldearla, incluso yendo más lejos de lo elegible desde que ambos, personaje y jugador, coinciden. Es por esto que el personaje ha de ser una hoja en blanco esperando ser escrita por el jugador, y de forma más exhaustiva que en los juegos en primera persona de otros géneros. No se trata de que el personaje sea mudo como Freeman o Chell, o que no pueda verse a sí mismo, ya sea por limitaciones técnicas o por haber sido implementado de forma consciente por los desarrolladores para favorecer a la falta de personalidad del personaje, sino dar un paso más. Ha de ser el jugador quien defina bajo qué signo ha nacido, qué habilidades tiene, su trasfondo su historia personal, su rostro, su altura, edad, raza, género, etc. A fin de cuentas, es el jugador quien va a interpretar ese rol y es justo que su personaje, su *alter ego*, sea de su preferencia y gusto.

4.10.2 Riesgo

Un buen diseño que favorezca a una gran experiencia es aquella que obligue al jugador a evaluar el riesgo de una situación y decidir en consecuencia. Dado que el personaje está en constante cambio, y siempre para mejor, ampliando habilidades y desarrollando atributos físicos y mentales, no se puede esperar que el personaje sea capaz de todo desde el principio, así que habrá áreas restringidas por la propia naturaleza del personaje en ese estado inicial. De lo contrario las recompensas no tendrían sentido, y el hecho de evolución sería irrelevante.

Al contrario que en otro tipo de juegos donde solo hay dos estados, a saber, victoria y fracaso, aquí no debe existir tal dicotomía. Todo debe ser permitido con la única excepción de lo que las reglas físicas y lógicas que el mundo virtual permita. En otras palabras, no hay nada malo que el jugador pueda hacer. Sin esa libertad en la toma de decisiones no puede haber interpretación por parte del personaje, y sin ello, lo que en un origen era rol, queda reducido a un juego de acción con desarrollo de atributos para mejorar el daño que realiza el personaje. Dicho de otra forma: si todo estuviese determinado por las dicotomías bueno/malo, correcto/incorrecto, válido/inválido, etc., solo habría un camino posible y, por ende, no existiría la libertad de la que hablamos.

Pero la libertad por sí sola no es lo único que hace falta. El componente de riesgo es esencial, y este viene dado no en la capacidad de decisión entre varias opciones por parte del jugador, sino en lo que significa tal decisión, que se traduce en la renuncia de otros caminos. Cuando en el ya mencionado *NetHack* (1987) — cuyo género (*roguelike*) es un subgénero de los *RPG* — se elige un personaje humano, se le está obligando también a carecer de ventajas de la infravisión (capacidad para detectar la presencia de otros seres que emiten calor) que poseen otras especies; cuando se selecciona un orco por su resistencia a los venenos, simultáneamente se está eligiendo a que sus máximos niveles de inteligencia y carisma nunca puedan ser muy altos, lo que repercutirá en su capacidad para aprender y lanzar hechizos, o de que tenga que pagar precios más altos en las tiendas. En cada decisión no solo se eligen las ventajas, se han de aceptar las desventajas asociadas a la elección.

Siguiendo con un ejemplo anterior, *The Elder Scrolls IV: Oblivion* (2006) cuenta con un desarrollo de habilidades y es necesario que el personaje tenga un cierto nivel para poder acceder a puntos de la historia concretos. No tendría sentido que se pudiese enfrentar con las fuerzas demoníacas que asolan la tierra de Cyrodiil sin haber alcanzado la categoría de héroe, pero a diferencia de su entrega anterior, *The Elder Scrolls III: Morrowind* (2002), donde la libertad era sobrecogedora en términos argumentales, no solo explorativos, en *Oblivion* no lo es tanto. Para que una trama pueda ejecutarse precisa de personajes, y es tarea del diseñador decidir si estos son fijos a todos los niveles o puede el jugador desprenderse de ellos a costa de sacrificar la trama principal. Este tipo de juegos cuenta con la historia como los más modernos *FPS*, pero al contrario que ellos dispone de un mundo abierto que el jugador puede explorar. Si se eligiese no seguir el argumento estipulado, en los *FPS* (y en casi ningún otro género salvo los de mundo abierto) no se podría seguir y se alcanzaría el estado de inacción, esto es, que nada puede ocurrir hasta que el jugador tome la decisión correcta, que es aquella que ha sido tenida en cuenta a la hora de diseñar el juego. Por el contrario, en los *RPG*, uno puede prescindir de la historia y seguir involucrado en una historia, porque si es un videojuego de rol auténtico requiere la inmersión del jugador con el personaje, y este es, o debería ser, ajeno al determinismo de su mundo (con la salvedad de las reglas lógicas y físicas que rigen su universo). En *Morrowind* es posible saltarse estas normas y disponer de ese libre albedrío a costa de sacrificar el argumento, que el juego es lo suficientemente atento de informar en la manera de mensaje emergente:

> Con la muerte de este personaje el hilo de la profecía se corta. Restaurar un juego guardado para restaurar el tejido del destino o persistir en el mundo condenado que has creado.[9]

En *Oblivion* solamente hay una sensación de impotencia al intentar matar a un personaje principal. Como mucho, se queda inconsciente durante un breve intervalo de tiempo, pero es sin duda inmortal, y aunque garantiza la integridad de la trama principal, la experiencia se arruina un tanto.

✓ *The Elder Scrolls III: Morrowind* (2002)
✓ *The Elder Scrolls IV: Oblivion* (2006)

El riesgo está asociado también a los límites del personaje que el jugador va rompiendo durante el incremento cada vez más duro de niveles (en general, una función exponencial). Estos límites tienen que ser relevantes en el mundo donde habita el protagonista, y si, como hemos dicho, no tiene sentido que el héroe sea tal en los primeros niveles al enfrentarse con la amenaza última del juego, tampoco ha de tenerlo el que se pueda batirse en duelo con otros personajes irrelevantes que, por unas causas u otras, poseen un mayor nivel o un mejor equipo. Es obvio que el jugador ha de disponer una ventaja especial con respecto a todos los seres que rodean como personaje. Tan solo una figura mitológica podría enfrentarse con miles de enemigos e irse a descansar cada noche sin más rasguños que los de una barra

---

9   «*With this character's death, the thread of prophecy is severed. Restore a saved game to restore the weave of fate or persist in the doomed world you have created*».

de energía que se repone automáticamente al amanecer, pero esta característica no ha de ser sinónimo de inmortalidad. En entregas como *Diablo* (1996), donde por su característica de *roguelike* cuenta con aleatoriedad en los mapas, el personaje ha de subir su nivel lo suficiente para enfrentarse con los enemigos clave, si es que el jugador quiere hacerlo, pues es evitable. Estos enemigos operan como un semáforo que indica a qué zonas se puede acceder y a cuáles no.

4.10.3 Habilidades

Son lo que permiten que el personaje pueda llevar a cabo sus acciones con mayor o menor probabilidad de éxito. Existen muchos juegos que utilizan un sistema de acierto o fallo sin basarlo en la estadística. Se llaman juegos «sin dados» (o en inglés, *diceless*) porque la mayor parte de los que sí lo hacen utilizan un generador aleatorio en que presenta resultados en un determinado rango representado por dados de diferentes caras. En el caso de no utilizar un sistema de probabilidad, los aciertos o fallos se determinan por la comparación con otros valores en tablas, pero esto no es lo corriente en los *RPG*.

Las habilidades se interpretan como datos estadísticos, tienen una puntuación, y cuando se va a realizar una acción para la cual esa habilidad sea necesaria, se realiza una tirada de un dado (virtual y en general invisible), y según cómo se haya definido el sistema de tiradas, si el resultado obtenido es menor o igual que el valor de la habilidad, se considera un acierto, en caso contrario, un fracaso. Después se puede complicar más añadiendo efectos, o viendo cómo de bien o cómo de mal se acierta o falla respectivamente. Es lógico ver que cuanto mayor sea el valor de una habilidad, menos posibilidades de fracaso existen. En un enfoque tradicional, las habilidades están agrupadas según atributos, cada uno también con una puntuación dada que se ha de mejorar. En principio, ninguna habilidad puede tener más puntuación que el atributo que la gobierna, así no es posible tener un valor de 20 puntos a la habilidad de «manipulación» si solo se alcanzan 15 para «carisma», el atributo del que depende. En sistemas más complejos hay varios atributos para cada habilidad, repartidos a veces entre primarios y secundarios, o especializaciones.

Cuando se acierta una tirada se computa una ecuación, y también dependiendo de la complejidad con la que se esté tratando, esta será más o menos concisa. Es imprescindible haber balanceado correctamente todas estas ecuaciones y eso es una tarea extremadamente ardua. En base a esta computación numérica se determina cómo aumentan los puntos del personaje, pero también cómo los habitantes de este mundo realizan daño o se fatigan. Son los que especifican el comportamiento de aquello que no es controlable por el jugador, física y leyes naturales aparte. Este orden jerárquico entre habilidades y atributos mantienen compensado al personaje y se asegura de que no hay imposibilidades contrarias al sentido y naturaleza del personaje, jugador o no, y el mundo en el que se halla.

En algunos juegos también hay árboles de habilidades especiales, disciplinas o talentos inicialmente inoperativos que se vuelven operativos a medida que se desbloquean sus nodos o desarrollan otros talentos, y es aquí en donde entra la componente de decisión del jugador para establecer cómo quiere que sea su personaje. En algunos juegos no es posible seguir todas las ramas de este árbol, en otros sí es posible, pero para desarrollarlas todas hace falta una gran cantidad de puntos de experiencia que resultan de partidas extremadamente largas. Todo árbol de talentos está regido por un nodo que suele estar a su vez vinculado a otros atributos del jugador, como lo puede ser los puntos de fatiga, de vida o de magia, que determinan si pueden utilizarse o no en ese determinado momento.

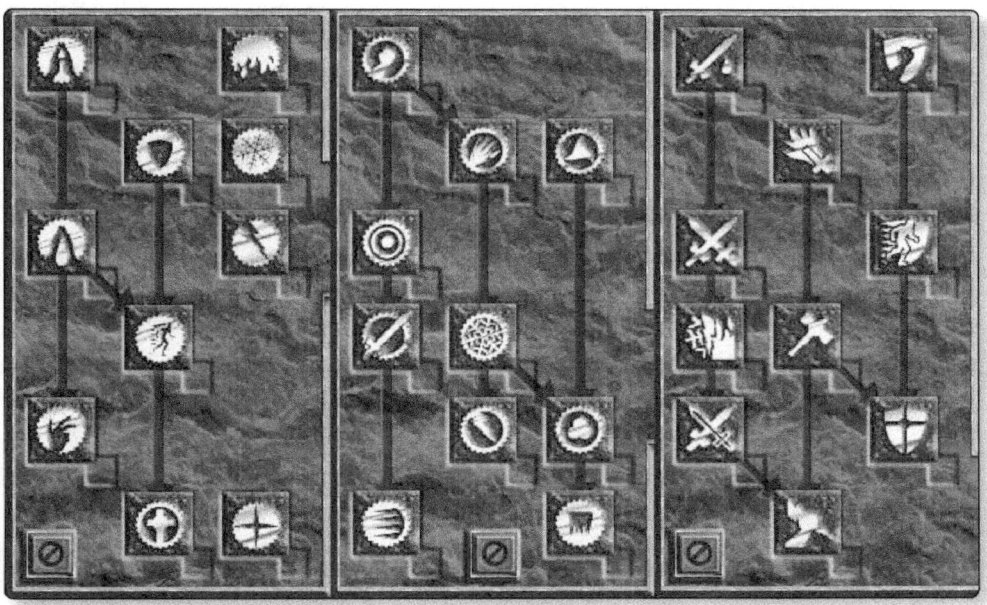

Figura 4.13. Árbol de habilidades para el arquetipo de paladín en *Diablo II* (2000)

Estos talentos suelen ser dependientes también de la raza con la que se esté jugando, y es un punto característico para que el jugador pueda decantarse más por una especie o por otra, según su tendencia a hacer uso de una habilidad ofensiva o defensiva. Es en esencia un árbol de dependencias donde las condiciones que cada nodo requiere que se satisfagan y se torne activable, vienen dadas por las características del juego. Son estas las que permiten que el personaje obtenga puntos de habilidad y de experiencia, y con esto las bases para poder desbloquear los primeros nodos, siempre a elección del jugador de entre varias opciones, a veces mutuamente exclusivas. Cuando estos árboles están ligados al personaje, se garantiza que no pueda salir de su rol. Este confinamiento del personaje restringe la libertad aparentemente, pero es por esto por lo que existen diferentes razas entre las que el jugador pueden encontrar una que se adapte a su rol.

4.10.4 Misiones

Los juegos de rol necesitan que el personaje mejore en su búsqueda de la meta final, y para ello se le presentan objetivos intermedios a través de personajes secundarios cuyo fin no es elaborar sobre el mundo en el que viven, sino exponer un pequeño problema que el jugador tendrá que resolver a cambio de cierta gratificación, ya sea económica para que pueda comprar equipo nuevo y más efectivo, o de algún objeto interesante que usar o vender. Las misiones secundarias son optativas, o deberían serlo para aportar esa libertad de la que hablábamos. Existen diversos caminos para que un personaje llegue a su destino y el orden de las misiones no debe ser relevante, salvo que sean tareas encadenadas que dependan unas de otras en una jerarquía de continuidad, que dé vida a esas pequeñas tramas que hacen crecer al jugador.

Pero estas también han de estar al nivel del personaje. Un juego bien desarrollado no revelará la existencia de una misión que el jugador no pueda llevar a cabo, y si lo hace, debe mantener el nivel de dificultad estático. La misión no debe adaptarse al personaje, lo debe hacer el personaje a la misión, evolucionando y desarrollándose. Si todos los enemigos que se encuentra el jugador son del mismo nivel que él, sea cual sea este, nunca presentará un reto, sino que llama a la monotonía. No habrá una sensación de gratificación al haber conseguido un resultado tras un esfuerzo, porque este es irrelevante si todos los conflictos crecen al mismo tiempo que el jugador.

Esto se cumple también para el valor de los objetos, no económico, sino por escasez. Un objeto raro debe serlo siempre y no mostrarse como tal cuando el protagonista está en sus primeros niveles, pero una vez que consigue todos los requisitos para poder dar uso a los ítems de cantidad exigua, se vuelven de uso frecuente por los pobladores del juego.

Para hacer crecer al personaje, una buena técnica que no lo aparte del factor narrativo consiste en hacerle formar parte de la historia indirectamente. El aburrimiento de tener que aniquilar repetitivamente montones de monstruos en cavernas para aumentar un nivel es cada vez mayor y puede amenazar con el abandono del juego. Un jugador continúa jugando cuando se entretiene, y en el caso de un videojuego de rol, cuando se ve integrado en el mundo. De esta manera, cuando un jugador, en lugar de luchar contra trasgos sin más, lo hace porque está en una misión que determinará si será ascendido a guardia imperial, verá la misma tarea a la vez como mejora del personaje, evolución en la historia, al menos en la historia personal del protagonista y aquellos que le han ofrecido la misión, e inmersión con el juego, aunque no se trate de la trama principal.

Estas misiones que integran al personaje con el juego no deben inmiscuirse con el argumento principal, de lo contrario ya no serían optativas, pero recordando el factor de riesgo del que hablábamos en cada decisión, y dado que estas sirven no solo como desarrollo de las habilidades del personaje, sino como establecimiento de su personalidad, no deben poder hacerse todas. Si un jugador elige desarrollar sus habilidades basadas en el combate con espada, las misiones que haga con respecto a esa cuestión han de despejar el camino para que en su árbol de habilidades se abran nuevas opciones relacionadas, pero al hacerlo, debe renunciar a otros caminos incompatibles. Esto es algo que no se cumple en *Oblivion*. El gran problema que presenta este juego es que el protagonista no está limitado y sin límites no hay juego, y este personaje puede encabezar la lista de líder en todas las áreas: ser capitán de la guardia tras realizar un puñado de misiones al mismo tiempo que es jefe de la facción de ladrones que esa misma guardia imperial trata de encarcelar. ¡Cuán diferente y desafiante habría sido la partida si el jugador se hubiese visto obligado a ir tomando decisiones durante el transcurso del juego que determinen su destino! De haber sido así algunas misiones no se le presentarían, prestaría más atención a otros aspectos de la partida, y cabría la posibilidad de repetir el juego una vez terminado tratando de alcanzar nuevas posibilidades.

En la entrega anterior, *The Elder Scrolls III: Morrowind* (2002), el componente del riesgo era evidente en lo que respecta a la historia. Muchos caminos se cerraban al tomar diferentes decisiones, las motivaciones de los personajes no jugadores eran las mismas, pero no compartían la misma información con el jugador y algunas áreas dejaban de ser accesibles. No se puede tener todo, y ese es uno de los componentes principales que hacen el juego adictivo, la contingencia equilibrada.

En la misión «*Go fish*» de *Oblivion*, un pescador llamado Aelwin pide ayuda para conseguir unas escamas muy particulares después de confesar su terrible miedo a esos peces. El personaje (y jugador) puede elegir entre ayudar al pescador o reírse de él, y ambas opciones son válidas, pero determinan un destino diferente para el jugador: si se ríe del pescador, puede que no quiera volver a hablar más con el protagonista (a menos, claro, que se utilice un hechizo de carisma para recomponer su disposición).

Habrá momentos en los que el jugador se encontrará con diferentes misiones abiertas simultáneamente, y esto es bueno. El jugador debe decidir qué hacer primero, qué es lo prioritario y qué dejar inacabado, y todo ello debe repercutir en el mundo, pero no de manera directa, sino a través de los personajes que están asociados a dichas misiones. Pero de la misma manera que se pueden elegir las misiones, el jugador también tiene que disponer del derecho de renunciar a ellas, de no hacerlas, o de hacerlas a medias, y ello debe estar contemplado. Una misión debe ser terminada al llegar al punto de no retorno de esta, pero hasta ese momento la opción de cambiar de idea y declinarla ha de estar presente.

4.10.5 Diálogo

Las conversaciones en los *RPG*, como las misiones, pueden ser referentes a la trama principal o a cuestiones sin importancia. En general, los personajes principales que ayudan a avanzar el argumento y son base para ello, serán los que presenten diálogos expositivos que van añadiendo más información sobre el argumento que el jugador conoce, y con ellos, al ser principales, se abren nuevas áreas o se marcan nuevos objetivos que afectan directamente a la narrativa, pese a que se presenten al espectador como consecuencia de ella en muchos casos. En este caso, el diálogo es lineal aunque a veces se muestren opciones para escoger entre varias frases, y lo ha de ser así, porque la trama principal es única y no puede accederse a ella sin el acuerdo mutuo de todos los actores de ella, incluyendo al jugador. Si este quisiese no participar, no habría manera de llegar al final.

Los diálogos secundarios tienen también un fin de exposición, pero para dar información relevante, bien para iniciar alguna misión colateral, o bien del mundo en general. El primero de los casos es una forma introductoria de las misiones, no más. El segundo son conversaciones predefinidas que da igual quién las diga. Suele ser el diálogo por defecto cuando se inicia la conversación con un personaje genérico que solo está de relleno (como los transeúntes de una ciudad), si es que el diálogo con ellos está permitido. A veces tienen carácter informativo, a modo de frases automáticas que se producen a causa de jugador, como al entrar en una estancia blandiendo un arma o con una indumentaria inadecuada.

Esta información no debe verse como una parte del diálogo. Sencillamente se utiliza una conversación como excusa para que el jugador, por medio de personaje, sepa más fácilmente qué hacer o cómo comportarse según las reglas del juego, que bajo ningún concepto deben romper la cuarta pared hablándole al jugador, sino al personaje. De no hacerlo así, la inmersión se desvanece y el jugador y personaje quedan desvinculados.

A causa de estas líneas predefinidas, en algunos juegos podemos ver a personajes no jugadores interactuando entre ellos dando una sensación de más inteligencia de la que realmente tienen, intercambiando líneas predefinidas entre ellos etiquetadas como saludo, afirmación, negación, pregunta, despedida. Esto favorece a la inmersión. Parte del juego de rol es la interpretación del personaje, y pese a que una computadora no puede determinar (aún) si el jugador está inmerso o no en la historia, en la mente del jugador hay una gran diferencia y una experiencia de juego totalmente distinta. Es este el éxito de muchos *RPG* en los que al margen de la propia aventura, mucha gente modifica, configura y utiliza solo por el apego y vínculo que mantienen con el personaje que controlan.

Aunque la libertad del jugador como explorador no debe tener límites (salvo los intrínsecos al mapa o las leyes naturales programadas), sí debería ser medida en lo demás si no es decisiva. En otras palabras, la libertad solo debe presentarse cuando sea clave, como lo es la exploración del entorno o la de aceptar o rechazar las misiones, pero en el resto de los casos es conveniente mantenerla a un bajo nivel. De nada sirve tener un complejo sistema de diálogos en un videojuego de rol si estos no llevan a ninguna parte. Las elecciones en diálogos, más allá de iniciar y terminar la conversación, solo deben presentarse cuando efectúen cambios en el juego, como el comportamiento de algún personaje, o el cambio de manos de algunos objetos pertinentes. Ahora bien, cuando se presente una elección en diálogo, no debe, como hemos dicho, haber una incorrecta. Todo ha de estar permitido.

Si el juego no es por turnos es preciso que haya siempre acción, siempre movimiento, incluso cuando el jugador decida no moverse. El sol se ha de poner independientemente del jugador, los personajes no jugadores deben seguir con sus ciclos, ya que es este dinamismo que no existe en los juegos de acción — en los que la inacción del jugador es sinónimo de no avanzar —, lo que hace del mundo que el protagonista explora algo cambiante. No solo han de cambiar las luces y las sombras, sino todo ha de hallarse en continuo movimiento, como un mundo autónomo sin el jugador. Por supuesto que los personajes no jugadores se encontrarán en una rutina programada de la que no podrán salir, es su naturaleza después de todo, pero desde el punto de vista del jugador como espectador, la sensación de paso de tiempo y cambio, de cinética electrónica, el mundo parecerá estar vivo.

4.10.6 Juegos *roguelike*

Los *roguelike* son un subgénero de los videojuegos rol consistentes en general en la exploración de una mazmorra y disponen de un componente aleatorio que provoca que nunca ninguna partida sea igual a otra. Cuando hablamos de aleatoriedad se refiere al procedimiento de generación de estancias o niveles, pero una vez han sido producidas se mantendrán con esa estructura durante toda la partida. El jugador tiene vía libre para regresar por donde ha venido, las entradas y salidas estarán en los mismos lugares, los objetos que contengan seguirán allí (si ningún personaje los ha movido). Con esto no se puede memorizar ningún nivel, pues siempre son diferentes, pero durante la misma partida se puede planificar una estrategia de ruta, o de dar vuelta atrás si es preciso. Como no es posible llevar una carga infinita, ya que los personajes tienen una fuerza y una constitución determinadas que determinan el peso que pueden acarrear, a veces es necesario dejar objetos atrás para recuperarlos más tarde; o para comprar un ítem para el que antes no se disponía de dinero suficiente.

Muchos de estos juegos son por turnos, donde el jugador ejecuta una acción y luego la computadora actualiza las acciones de todos los seres y elementos en el nivel. Esto favorece a la estrategia, ya que el juego es completamente permisivo a la hora de que el jugador planee su siguiente movimiento, tanto tiempo como desee. En este tipo de aventuras, parte del juego no es solo superar niveles, sino también resolver puzles, administrar el inventario y sobre todo identificar objetos. Esta última tarea es la que puede determinar el éxito o fracaso en una partida, ya que en este género el desafío suele ser mayor que en otros y la posibilidad de fracaso solo es superada por la experiencia del jugador en base a su conocimiento del mundo donde el personaje se mueve, incluyendo los objetos que puede o debe usar. En los *roguelike* las posibilidades de sobrevivir son escasas, pero esto no hay que verlo como una contradicción de nuestro principio de libertad en los *RPG*, sino más bien como un incremento del factor de riesgo. El jugador sigue en control de hacia dónde ir y cuándo, y qué llevar consigo o qué dejar atrás sin un guion preestablecido que lo dirija. Un objeto sin identificar puede ser inútil o mortal, y son las incógnitas que los rodean parte de la dinámica de la partida que convierte en elemento de juego la resolución de ese misterio.

En *NetHack* (1987) los pergaminos y pociones y varitas mágicas cambian de aspecto cuando se comienza una partida como complemento añadido a la aleatorización de mapas, de forma que el jugador perdería el tiempo memorizando cuáles son las acciones de cada objeto en una partida anterior. En lugar de eso ha de aprender a identificarlos, y saber que para los tenderos de la mazmorra el pergamino de identificación es el de menor precio, y que tratando de escribir en el suelo con una varita puede que saque algo en limpio acerca de su uso sacrificando una carga. Aunque la información que obtiene no es clara y concisa, en lugar de ello obtiene mensajes confusos que solo un jugador experto puede determinar por medio de la experiencia. Un resultado como «¡la inscripción en el suelo desaparece!» o la ausencia misma de un mensaje, puede deberse a varias razones, cada una de ellas referidas a distintos objetos, con lo que el proceso de identificación continúa.

Una clave para el éxito de este tipo de juegos es, aparte de la exploración del mundo en sí, la exploración de lo que el mundo contiene, tanto a nivel de objetos y seres que lo habitan, como de la mitología e historias que hay detrás. Es tarea del jugador elegir si quiere o no complementar un juego electrónico con información a encontrar, muchas veces, fuera de la partida, en libros y sitios web, pero si el juego está bien diseñado, toda esa nueva información aprendida resultará en ser un mejor jugador, pues modifica la manera de llevar a cabo futuras partidas.

> ✓ *NetHack* (1987): basado en turnos
> ✓ *The Binding of Isaac* (2011): en tiempo real

La estética es irrelevante, o lo era en los juegos primitivos que todavía hoy se mantienen en desarrollo continuo. *Nethack* fue concebido en 1987 basándose en *Hack* (1985), y este en *Rogue* (1980), del que deriva el nombre del género (de tipo *Rogue*, esto es, *roguelike*), pero la versión 3.6.0 de *NetHack* tuvo lugar en diciembre de 2015. Estos juegos funcionan en una terminal con caracteres ASCII para identificar tanto objetos como personajes. El protagonista, usualmente representado por el símbolo «@», se mueve entre puntos y almohadillas recogiendo raciones de comida (%), anillos (=), pociones (!), libros (+), etc., mientras lucha contra dragones (D), gnomos (G), líquenes (F), cánidos (d), felinos (f), ninfas (n), vampiros (V), demonios (&), y otro extraordinariamente largo etcétera, cada uno de los seres pudiendo ser de diversos tipos y cada uno con una estrategia diferente para ser derrotado dependiendo tanto del equipo con el que se cuente y de la naturaleza del personaje protagonista.

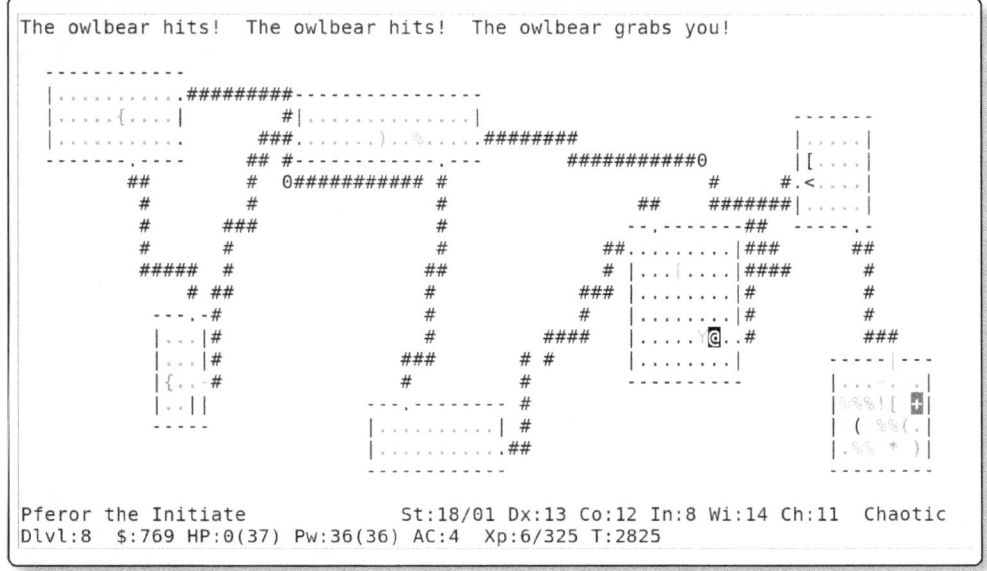

Figura 4.14. Una partida de *NetHack* (1987) mostrando un nivel generado aleatoriamente en el que el personaje principal (@) lucha contra una criatura (Y). Abajo se ven los atributos del personaje principal

Estos juegos, aunque permisivos en la exploración, son intransigentes a la hora de la muerte del personaje. En *NetHack* no se puede recuperar la partida a un estado anterior si el personaje no está vivo. Aquí, la muerte es el final y solo se puede volver al juego comenzando una nueva partida que será totalmente diferente.

The Binding of Isaac (2011) sucede en tiempo real. Está basado en las fases de la mazmorra de *The Legend of Zelda* (1991) y trata de emular el sistema de juego en su superficie, pero va mucho más allá con todas las posibles contingencias que rodean al personaje al tiempo que la aleatoriedad en el procedimiento de generación de habitaciones. En lugar de ver un mapa entero como en *Diablo* o *NetHack* solo se tiene acceso a una habitación a la vez, y una vez se hayan eliminado los enemigos de una sala, estos no vuelven a aparecer, lo que se puede utilizar como discriminador entre zonas visitadas y no visitadas, pero al entrar en una habitación por primera vez no se puede salir de ella hasta haber derrotado a los seres que allí habitan. Cada fase contiene un jefe de nivel que hay que vencer para seguir al siguiente nivel de la mazmorra

La falta de turnos provoca que las habilidades del jugador esquivando o evadiendo golpes le permitan mantenerse vivo por más tiempo, e incluso desarrollar alguna técnica para derrotar a los enemigos más efectiva que el conocimiento y e ingenio que requieren sus contrapartidas. Gracias a esta diferencia se crea un dinamismo y un ritmo de juego que nada tienen que ver con los basados en turnos, más calmado y meditativo.

La narrativa no es tan extensa como en otros tipos de juegos, quizá dejando en blanco mucho de la historia se puede ofrecer más libertad de acción al personaje. Lo que sí hay explícito es una meta fija, una razón para seguir descendiendo niveles, ya sea para recuperar el amuleto de Yendor o solo por luchar contra todo mal. La carencia de argumento extenso en los juegos *roguelike* confiere una atmósfera en blanco para que, por medio de los elementos del entorno, el jugador se centre en el presente y siga su objetivo. No es necesario producir una catarsis al jugador en este género por lo que no hace falta una identificación con los personajes, solo una excusa que sirva de motor para seguir adelante.

4.11 CINEMATOGRAFÍA CUASI INTERACTIVA

Un nuevo género reciente que podríamos calificar como «cinematografía cuasi interactiva» es aquel donde el jugador es más espectador y actor que percutor, interpretando un papel y decidiendo en ocasiones si hacer que la escena presente sea un poco más perdurable para contemplarla, o pasar a la siguiente.

Este género tiene una gran influencia del cine, se ve en la localización de las cámaras, y en el despliegue visual que da más fuerza al entono para capturar la atención del jugador convirtiéndolo en miembro del juego, en jugador-actor. Aunque sea en primera persona, como los *FPS* y muchos *RPG*, el personaje aquí está bien definido en lugar de ser una hoja en blanco y la identificación, por tanto, viene solamente del argumento y exposición gráfica. Su personalidad ya está determinada por la historia y nada que hagamos lo puede cambiar, como mucho, podemos autorrepresentarnos en ellos experimentando su visión del mundo a través de sus ojos.

Es la evolución natural de las secuencias cinematográficas que antes servían solo de diálogo dirigido al jugador-espectador y ahora se extienden al jugador-actor de forma interactiva. Pero esta interacción es solo una ilusión en la mayor parte de los casos, pues los cambios repercuten vagamente, como si de una historia con narrativa paralela se tratase, aunque siendo lineal. Se genera la ilusión de estar en control y libertad absolutas, cuando el confinamiento al argumento es innegable. En casos particulares existe la posibilidad de elegir una serie de opciones que modifican palabras clave en algunos diálogos, pero pronto se convierten en casuales y nada cambiaría de haber elegido uno u otro ítem conversacional.

✓ *Firewatch* (2016)
✓ *Virginia* (2016)

Figura 4.15. Secuencia que muestra el encanto gráfico de *Firewatch* (2016), donde el protagonista disfruta de una puesta de sol que ocurre siempre de idéntica manera independientemente de sus acciones

En *Firewatch* (2016) no se ven otros personajes, solo hay comunicación mediante una radio con la torre de control, pero están ahí, actúan y afectan al mundo en el que se desarrollan. Se trata de una aventura con un gran diseño y un gran trasfondo que hace uso de las últimas técnicas visuales, que las necesita obligatoriamente para poder transmitir la sensación al jugador de espacio infinito, paz y tranquilidad que ofrece la naturaleza, motivos por los que su personaje ha decidido alejarse del mundanal ruido para adentrarse en un ambiente ajeno a la civilización. Pero el protagonista jugador no es la pieza fundamental de este mundo, solo lo es a través de quien lo maneja — quizá —,porque actúa como un *alter ego* encarnado digitalmente en primera persona.

Es más bien una historia narrativa donde el jugador la contempla como una película interactiva y capacidad de realizar pequeñas modificaciones a la trama. Aunque esta ya está prefijada y las variaciones como consecuencia de elemento del caos que el jugador ofrece solo por estar ahí, el personaje encarnado vive en ese mundo después de que se haya establecido un pasado que solo él y el jugador conocen, que marcan su conducta y su deseo de huir marcado por su sentimiento de culpabilidad y posible sensación de fracaso. Es una historia lineal para ser jugada una vez, y revisar las pequeñas variaciones en nuevas partidas, pero contada desde una perspectiva tal que da la sensación de no ser tan lineal.

En este universo están a punto de concluir los años ochenta (cómo no), y eso es lo que determina las limitaciones tecnológicas con las que ese mundo virtual cuenta. Este juego tan solo cuenta una historia, y lo único en lo que afecta nuestra presencia allí es en qué medida el protagonista la recibe y cómo le afecta. Nada de lo que hagamos va a cambiar lo que ha sucedido, los días transcurren existamos o no… nada tiene real trascendencia, como la vida misma.

Las únicas cosas que pueden cambiar son fuera de la aventura, en la mente de este personaje y en la mente de aquella otra persona con la que interactuó, pudiendo elegir la manera de en la que estos dos personajes se comunican, con más o menos gracia. Pero todo lo que transcurra fuera del ámbito del juego ya deja de formar parte de él, es ámbito ya de la mente e imaginación del jugador.

Su linealidad no es, en este caso, un problema, sino la ventaja con la que cuenta para hacer de su determinismo una componente necesaria. Al no haber personajes con los que interactuar con la salvedad de la persona que se encuentra al otro lado de la radio, la indeterminación por azar debido a los sucesos que cualquiera pudiera ejercer son mínimos. Es por eso que ha de ser lineal — o cuasi lineal —,pues su único objetivo es hacer conocedor de una serie de eventos a una persona que quería huir de sus problemas. La historia continua, posiblemente, más allá del final de la aventura, cuando este personaje tiene que hacer frente a su vida cotidiana, y ver cómo todo lo ocurrido durante ese verano en los bosques de Wyoming puede cambiar su percepción y conceptualización del mundo que le rodea, o no.

No hay inventario, pantallas de selección, pausas o bucles hasta que se realice esta o aquella acción. El tiempo transcurre sin que el juego espere a tomar una decisión, y ya sean correctas, incorrectas o indiferentes, o por su ausencia, puede haber una consecuencia o no, que es lo mismo, pues la no consecuencia de un evento es, en sí misma, otro tipo de consecuencia.

¿Qué crees que marca el hecho de poder elegir el pasado del personaje sin que eso tenga aparente trascendencia durante la partida?

¿Cambia el resultado del juego las opciones que se van tomando?

Otro videojuego que se aparta de lo establecido y forma parte de esta nueva corriente es *Virginia* (2016), inspirado en las series dramáticas de los años 90 y con una narrativa similar. Al igual que en *Firewatch* (2016), el tema a desarrollar casi no precisa de un jugador. Las pocas acciones que se pueden llevar a cabo solo tienen la meta de ofrecer una falsa sensación de control y en realidad, lo único a lo que tiene derecho el usuario es a pasar la escena y contemplar como jugador-espectador. Tampoco hay inventario, la interacción con su entorno es automática, los personajes no están a disposición del jugador, no esperan, no hablan, solamente son.

Es singular su forma visual de contar la historia, tan visual que poco hay de otra cosa. No existen diálogos, se intuyen; casi no hay texto, y lo referente a lo musical tiene un doble objetivo: llevar al espectador a la época de los seriales con una banda sonora semejante y hacer alguna referencia a una de sus varias fuentes de inspiración.

La popular serie *Twin Peaks* (1990–1991) sirvió de musa para este juego, aunque si bien la serie entra dentro de una categoría extraña cuanto menos, hay treinta episodios que inmiscuyen al espectador por medio de diálogos además de lo visual. Este juego mudo dura apenas dos horas y la sensación de confusión surge ya en la primera escena. Es necesario tener conocimiento de la serie para, al menos, estar preparado psicológicamente para todo lo que ocurre, de lo contrario, en lugar de resolver un misterio, parece que se trata de un mundo onírico. Para contrarrestar el gasto de tiempo de aventura en los desplazamientos, estos también son peculiares. Si ya era escasa la operación del jugador por poder mover solo la cámara entorno a su personaje, el movimiento era el único otro grado de libertad que tenía, pero en largos pasillos casi desiertos de edificios de varias plantas que representan las oficinas del FBI, la experiencia se puede ver carcomida por el aburrimiento de manejar a un personaje solo para hacerle descender tres pisos por las escaleras. Entran en juego técnicas cinematográficas de secuencias de salto, lo que también puede resultar desorientador si no se ejecuta correctamente.

Figura 4.16. Una escena de *Virginia* (2016) de polígonos suavizados en la que se ve a una agente del FBI pensativa en su vehículo

¿Es Virginia (2016) un juego?

Es tan poca la interacción con el entorno que el papel del jugador-percutor es casi nulo; es tan escasa la interacción con los personajes que casi no hay posibilidad de ser jugador-actor. Es un videojuego diseñado solo para un jugador-espectador. La audiencia a la que está dirigido no es gente que se adentre por primera vez al mundo de los videojuegos. Como casi todo lo que ahora se mueve por referencias, el conocimiento de las mismas exige que el jugador, en todas sus vertientes (percutor, espectador, actor), tenga una experiencia de vida previa en la que vincule lo referenciado y la referencia por medio de una conexión nostálgica. Esta vivencia es la que permite que el juego pueda tener éxito. Un jugador sin esa experiencia previa no puede autorrepresentarse o identificarse con ningún elemento, y verá la obra como algo ajeno.

5

VIDEOJUEGOS INDEPENDIENTES

Muchos de los juegos ya explorados son independientes, pero no hemos analizado aún qué es lo que los diferencia de aquellos con una tradición más comercial.

5.1 COMPONENTES ARTÍSTICOS

Un videojuego está ligado desde hace ya varias décadas a la representación visual, a veces ligado a las cuestiones narrativas así como a otras visuales, motivo por el cual el debate sobre si los videojuegos son arte es más antiguo de lo que pensamos aunque haya tomado más fuerza y hecho más ruido a partir de mediados de la primera década del siglo xxi.

En el conjunto de categorías que utilizamos normalmente se diferencia entre aquello destinado a servir como aquella manifestación creativa que toma forma al plasmarla de forma material, que denominamos «arte»; de aquello que sirve puramente al ocio, para lo que utilizamos la palabra «juego», entendiéndolo como una actividad sujeta a normas en la cual se gana o se pierde, además de ser interactivo. Un videojuego entra en la categoría de «juego» por su propia definición, y el hecho de que este vocablo forme parte de su nombre no ayuda a ver más allá sin hacer un esfuerzo previo. Los componentes narrativos, musicales, etc., están considerados como arte en sí misma, pero se entienden como complementos asociados al juego en lugar de contemplarlo todo como un único ente.

Claro que, como hemos visto, hay juegos donde la toma de decisiones es lo importante, pero no lo que deriva de ellas, es decir, que no hay decisiones correctas o incorrectas, y por lo tanto, esto se puede entender de la siguiente forma: o bien no existen los conceptos de ganar y perder, porque no hay un camino incorrecto; o bien el conjunto de reglas del juego es tan complejo que contempla posibilidades de una forma más general, menos dicotómica, donde trazar la línea entre ganar y perder está tan difuminada que es casi inapreciable, pero cuando entramos en la identificación con el personaje, esta queda determinada para el jugador en términos de lo que él considera ganar o perder.

En el primero de los casos debemos ser conscientes que habríamos eliminado el componente de juego de aquellos videojuegos en donde, pese a ser interactivos, no hay ganador real al llegar al final, a menos que seamos más permisivos redefinamos juego en base solo del aspecto lúdico basado en normas. Visto así, este tipo de videojuegos solo se pueden experimentar. Con respecto a la segunda opción, estaríamos hablando de juegos subjetivos, en los que sí existe un ganador aunque solo a ojos del espectador que está viviendo esa experiencia encerrado en sí mismo. Aquí los conceptos de ganar y perder no están determinados por las reglas del juego, sino por el propio jugador, y las normas solo establecen los límites restringiendo el acceso a otras áreas, incluyendo las mentes de los personajes virtuales.

Puede verse al componente de juego como un soporte que liga una entidad artística con una intención lúdica que ofrece la interacción necesaria basada en ciertas reglas para aportar cierta lógica. Así vemos al videojuego como medio para la expresión artística, pero no necesariamente de producción artística. Debemos preguntarnos necesariamente por la intención del creador de videojuegos, que puede ser muy diferente de aquellas comerciales que se tomaban antes de que las herramientas para el desarrollo estuviesen al alcance de todos.

El hecho de aislarse, de no escuchar la voz de un mercado tradicional hace que surja el genio creador, que convierte al autor en artista expresando lo que hay dentro de él. A parte de aquellos videojuegos diseñados con la intención de suplir las necesidades estrictas de la definición de «juego», ahora nos encontramos con otros que pretenden servir de medio para exponer artísticamente, aquellos cuyo fin es estrictamente narrativo, y los que pretenden añadir un discurso filosófico o social.

Es difícil separarlos pues suelen darse simultáneamente en un videojuego, y por tanto hace falta distinguir cuál es la meta central y cual sirve de vehículo para transmitirla. Un videojuego como *Cart Life* (2011) se puede entender como una crítica social a una época de recesión, pero utiliza la historia de sus protagonistas, Andrus, Melanie o Vinny, como conductor para tal fin; en *Firewatch* (2016) se pretende solo contar la historia, y los personajes son el centro necesario para tal narrativa buscando conectar al jugador con otros personajes mediante la identificación y autorrepresentación.

En los juegos más filosóficos, las decisiones que se toman durante la partida son cuestiones morales o tienen implicaciones morales que, siendo representadas y ejecutadas por un personaje virtual, provocan en el jugador una respuesta emocional a la vez que generan un dilema con una mayor trascendencia que la que se expone en el juego. Se obliga al jugador a reflexionar, a emitir un juicio, y mediante estas cavilaciones, puede cambiar su forma de ver el mundo.

5.2 ¿QUÉ LOS HACE DIFERENTES?

Los videojuegos independientes, tal y como los hemos categorizado, apelan más a las emociones que los tradicionales al estar orientados, bien a una estética que enternece al que tiene sus sensibilidades más desarrolladas, o tocan la fibra sensible del que se identifica con las cuestiones sociales y/o filosóficas sobre las que versa. Su base estructural, los cimientos sobre los cuales están constituidos, comienzan con una emoción, la del desarrollador que realiza un proceso como ente creativo y no como proyecto comercial, aunque luego tienda hacia un mercado. El germen es la intencionalidad de contar una historia o transmitir una idea. Pero no es lo mismo generar emociones mediante la autorrepresentación e identificación en el cine con una cinematografía viva de por sí pero que no acepta una entrada externa. Al poder hacerlo tratando de involucrar al jugador en ese mundo virtual, lo lleva al universo digital donde sus acciones causan un impacto, y las reacciones en él ciertos cambios.

Las imágenes y los sonidos son las herramientas clave sobre las que se construyen por composición los elementos que al ser llevados a ojos de un ser humano, puedan generar una respuesta emocional. Si la clave de tal hazaña es la identificación, se necesitan personajes que sientan, aunque sea a su manera, y que esa emoción viaje desde el mundo virtual, no al real, sino a la concepción del mundo real que tiene el jugador en ese mismo instante, y si no se cuenta con ellos, utilizar entornos y partituras que culturalmente dispongan de un significado. De eso se trata realmente, de captar el significado. No se trata solo de contar una historia emotiva, de ser así no se hablaría de un videojuego, sino de una película o una novela, elementos pasivos dotados solo de vida a través de la imaginación del espectador. Al contrario que en esos campos, es necesario que la emoción nazca en el juego y sea tomada por el propio jugador en lugar de despertar la que ya estuviese presente en el lector desde el principio.

Estos videojuegos constituyen un antes y un después de este mundo como arte. Todo aquello capaz de emocionar entra en una categoría diferente a la de meros productos comerciales y la palabra «juego» no ayuda. Este término está asociado sin remedio al ocio, y este no se ve como más allá de lo que un pasatiempo es capaz de transmitir. Sin embargo, los videojuegos independientes son una forma más de expresión creativa que ha podido surgir gracias a la combinación de los siguientes factores:

- ▼ Tecnología que permite el desarrollo de videojuegos sin depender de las grandes corporaciones.

- ▼ Medios que favorecen a la redifusión.

- ▼ La globalización cibernética.

- ▼ Los medios no físicos que hacen posible que no dependan de tiendas. Es posible comprar en línea y descargar en el instante, con lo que la distribución real se vuelve inexistente.

- ▼ La disposición de una generación que creció en un ambiente donde el ocio sí venía de mano de videojuegos, dejando que formen parte de una infancia que en su camino hacia la madurez, evoluciona con ellos naturalmente y se asocia a temas más profundos, obteniéndose como resultado una ligadura entre el medio que una vez fue solo entretenimiento con el de inquietudes intelectuales que marcan el desarrollo humano.

- ▼ La meta ya no es ganar o perder, sino experimentar.

Son estos los elementos que contribuyeron a la aparición de esta época dorada que está mutando, ante nuestros ojos, el concepto de videojuegos-como-ocio hacia videojuegos-como-expresión-artística. Los productos dejan de ser tales y se convierten en obras, en piezas capaces de contar historias, provocar emociones, actuar como elemento intermediario entre un individuo y el resto de la sociedad.

5.3 DIFERENCIAS EN LA NARRATIVA

En muchos de los juegos relativamente nuevos, los más contemporáneos, el protagonista que maneja el jugador ha sido relegado a un segundo plano en el estrato social que se representa en la pantalla. Esto es consecuencia directa de la herencia del cine. El cambio de la narrativa en este medio tiene repercusiones en la manera en la que se nos presentan las historias. Siempre hemos tenido protagonistas y antagonistas en todas las historias, pero el papel que desempeñaban, salvo raras excepciones, estaba estereotipado, al menos en los productos más comerciales. Esto se trasladó también a los videojuegos, todos: siempre hay dos equipos, el del jugador y el antagonista. Esto produce la dicotomía nosotros/ellos, lo que impone una clasificación que suele estar asociada a valores éticos, y por tanto se genere una oposición binaria: aquellos elementos que entran en nuestra categoría y los «otros», es decir, una *diferencia*. Entra en juego la diferencia de poder, para el cual han de existir ambas partes: la sometida y la que lo ejerce, esto es, los dos polos de la oposición binaria, y precisamente su oposición es lo que provoca su existencia mutua. Se aprovecha esta *diferencia* porque se crea un significado con ella. Así, todo lo que haga el protagonista está bien y viceversa para el antagonista. Cuando esto ocurre, no solo se ve a alguien de la categoría opuesta cometiendo un acto prohibido o inmoral, aunque para él y desde su propio punto de vista sea adecuado.

En los últimos años, el cine realizó modificaciones en la forma de exposición narrativa mediante cambios en la naturaleza de los personajes. Por la herencia de esta industria (no independiente), los papeles asignados al jugador solían ser en su mayor parte relativos a un estereotipado héroe: un inspector de policía atormentado en *Max Payne*, un narcotraficante tratando de adueñarse de una ciudad estilo Miami en los setenta en *GTA: Vice City* o un doctor en física teórica tratando de sobrevivir a una hecatombe alienígena en las instalaciones neomexicanas de Black Mesa en *Half-Life*, entre otros. Pero esto son grandes producciones dirigidas a un sector de audiencia muy determinado, aunque sin dejar de tratar de ampliarlo cada vez más, muchas veces se incluyen guiños y referencias solo atractivas a otros grupos sociales, siempre con el fin de obtener mayores beneficios.

Cada vez más se tiende a reducir la importancia del jugador hasta convertirlo en un igual a los personajes virtuales que pueblan el sistema digital, a veces uno menor. Y esto ocurre en las producciones independientes más que en las pertenecientes a las grandes industrias. Se trata de llevar al jugador al espectro más ordinario del ser humano, donde la vida virtual y la vida real tienden a ser iguales, a categorizarse de la misma manera, y al final, a no distinguir una de otra por conceptualizar el mundo igual. Antes, las historias estaban llenas de héroes a los que mirar como arquetipos que marcaban un camino a seguir, ahora nos vemos reflejados en los personajes virtuales porque no son muy diferentes a nosotros. En los juegos que veremos a continuación, la identificación es inevitable porque ya no hay un abismo entre la realidad y la ficción generadora de identificaciones solo con metas o con principios, pero no con el dolor ni con el sufrimiento. Ya no hay héroes, solo personas.

Siempre un héroe representaba todo lo bueno; y en contraposición, el villano todo lo malo. El antagonista era el reflejo invertido y distorsionado del protagonista, pero ahora que su complejidad es mayor y tienden al mismo lugar, no es posible encontrar en uno la oposición del otro. En los luminosos mundos del héroe de antaño siempre había un rayo de esperanza que hoy es inexistente y ya ni se busca. Se solía exagerar todo, tanto lo bueno como lo malo, y esa exageración sigue estando ahí, pero dada sobre aquello cotidiano, lo que nos introduce más en «lo normal». Los grandes mundos de los videojuegos ya no son lugares mágicos a los que escaparse, sino otros lugares muy parecidos a la realidad, donde poder reflexionar sobre los mismos asuntos que nos rodean cada día. Los videojuegos independientes, en algunos casos y siempre que se marquen este propósito, son uno de los primeros fundadores que hacen del mundo digital una simulación más auténtica del mundo real con más fragor que nunca.

6

EMOCIONES Y CATARSIS

Muchos de estos aspectos se estudiaron previamente de forma indirecta en el capítulo 4.º pero en términos de su relación con el género. En lo que sigue, los exploraremos con respecto a la psique del jugador.

Los desafíos son esenciales en un juego por su propia definición, que incluye también las reglas que restringen los movimientos o acciones del que juega. Estas han de ser estrictas e inamovibles e indicadas al jugador desde el principio. No se pude comenzar a jugar sin conocer bajo qué normas se establece una partida. Si el juego no es desafiante, la recompensa que se obtiene no es grata, se ignora y no se asocia a una emoción; ha de tener un sentido y estar relacionada con el esfuerzo impreso. Pero jugar subyugado a un conjunto de reglas — que a efectos del universo en el que ocurre y transcurre el juego son sus leyes naturales — no es divertido sin la participación activa del jugador. Esto requiere que quien participa tenga control sobre sus acciones, o al menos que perciba la sensación de estarlo. Si un jugador tiene el control absoluto sobre su personaje, asociará la recompensa con el trabajo invertido, pues será una consecuencia del mismo.

En términos generales, cada acción ha de estar asociada a una reacción, presentada bien como una recompensa directa, o como un medio para realizar más acciones que vayan acercando progresivamente a la meta al jugador. Sin embargo, acciones lineales que se resumen en movimientos repetitivos que provocan el siguiente estado del juego deriva en el aburrimiento. Para evitar esto se requiere que las consecuencias de las acciones ejecutadas sean relevantes con la naturaleza del juego, esto es, que los desafíos estén sincronizados con las metas del jugador en lugar de convertirlos en obstáculos ajenos al resultado. Un desafío tiene que obstaculizar parcialmente el viaje hacia el destino del jugador, pero no ejercer una fuerza en sentido totalmente opuesto que genere la sensación de desandar el camino ya recorrido. Ha de constituir un reto con respecto a su propia naturaleza, pero sin interferir en la propia naturaleza del juego que establece cuál es la meta. De lo contrario se cae en la frustración.

Un ejemplo de esto lo podemos encontrar en *NetHack* (1987) o en *Spelunky* (2009). Ambos juegos son muy estrictos con respecto al daño que recibe el personaje, y aunque se tienen varios puntos de vida, por lo normal, una eventualidad cualquiera suele conducir al protagonista a la muerte en un abrir y cerrar de ojos. Esto no convierte al juego en imposible ya que todos los eventos que provocan la pérdida de la partida son fácilmente prevenibles por el jugador a medida que aumenta su experiencia y habilidad, así como por las facilidades que ofrece el personaje según el equipo que lleve. No hay que confundir un desafío con una hazaña imposible, ha de ser superable según las reglas establecidas y las capacidades, las del jugador en todo momento y las del personaje en el momento dado.

Los desafíos deben también estar regidos en su conjunto por una normativa que defina su ritmo. Han de ser imprevisibles y no repetitivos, pero el tempo entre uno y otro tiene que seguir un paso determinista. Esto es, que aunque se desconozca qué reto se va a realizar, la dificultad que este va a presentar tiene que poder ser intuida antes de que suceda, y entre desafíos, un espacio para no provocar el juego en tedio, mostrando siempre el resultado para que el jugador obtenga la recompensa cuando la merece. El ritmo tiene que ser fluido. Cuando se lleva a cabo una acción para completar un reto, la mente del jugador debe estar involucrada por completo en esa tarea, exigiendo que los objetivos sean claros y concisos, sin ambigüedades.

Hablamos en capítulos anteriores del vínculo entre el jugador y el personaje, si es posible, que con la salvedad de cierto tipo de juegos, como algunos rompecabezas, suele ser más que necesario a efectos narrativos. No hay mayor identificación que la que se produce cuando el personaje que se maneja es carismático o atractivo a ojos del jugador. Este vínculo se establece más fácilmente en juegos *RPG* porque el jugador tiene el derecho de moldear a su personaje a imagen y semejanza de la imagen mental que tenga. No siempre pero sí a veces, se exploran circunstancias extremas porque las consecuencias en un videojuego no tienen repercusión en la realidad, pero por lo general, el protagonista es un medio de permitir que el «yo» real del jugador se muestre sin los frenos del día a día en la realidad.

En los videojuegos en los que el protagonista esté ya definido, las opciones entregadas al jugador para modificar algunos aspectos visuales aumentan esta relación entre ambos. Cuanto más configurable sea un avatar, más se proyectará el jugador en él. Las partidas de diferentes jugadores de videojuegos de rol tienen algo en común, y es que ningún personaje es idéntico. Incluso en juegos donde la apariencia no tenga repercusión en la partida — pues en los *RPG* puede haber ventajas según qué raza se emplee y definitivamente sí la hay en función del equipo que se porte — los jugadores eligen configurar a sus avatares en una forma que resulte más en consonancia con sus personalidades. La diversidad de vestimenta en *GTA: San Andreas* (2004) no hace sino apelar a que el jugador se proyecte en el personaje; ídem para los personajes de *The Sims* (2000–2017).

No es de extrañar que a medida que las bases se asientan y se gana cohesión en la evolución de un desarrollo, dentro de una comunidad artística siempre se innova, y casi siempre dicha innovación surge de retomar conceptos olvidados y adaptarlos a un nuevo esquema social.

Los videojuegos dejaron hace tiempo de verse como puro ocio para convertirse en un fenómeno que, como el cine, cuenta historias tratando de despertar algo en el espectador. Es una simulación de la sociedad que toma vida por medio de múltiples géneros, pero al tratarse de una cuestión social entra dentro del campo de lo antropológico. En estos juegos el mismo término «juego» es anecdótico. En todo caso es una simulación de un subconjunto del mundo donde se acentúan los problemas que se tratan de denunciar.

6.1 PROYECCIÓN SOCIAL Y PERSONAL

Una de las funciones del arte es ser un elemento mediador entre un individuo y la sociedad. Puede servir para exponer una opinión, que en términos sociales se puede volver poderosa al captar la atención de una audiencia afín. La reivindicación social no es un género, es un tema que se toma forma a través de un medio digital de la manera en la que el autor considera más oportuna, pero el ocio no tiene cabida en el mensaje, sino que existe por mera tradición cultural. Cuando Steve Meretzky hace una crítica política en *A Mind Forever Voyaging* (1985) o las obras de Paolo Percedini, mucho más contemporáneas como *Oligarchy* (2008), sin dejar de ser juegos porque es el medio y la tradición sobre la cual se apoyan así lo exige, el componente lúdico forma parte de ellos aunque el mensaje persista pudiendo ser, a veces, capaz de moldear mentes.

El regreso al blanco y negro o paletas de colores reducidas y ensombrecidas para dar un aspecto de antigüedad o sencillamente de decrepitud al pertenecer a una época de crisis. Como si quitar el color equivaliese a añadir un filtro de mediocridad. Es curioso cómo el blanco y negro puede ayudar a destacar una belleza oculta bajo capas de muchos colores, pero también saca a relucir lo más despreciable, y el espectador es consciente de ello, pues después de todo, la obra se hace para él a través de un autor que también fue espectador en su día. La creatividad nace del autor que bebe de las experiencias de su conceptualización del mundo que le rodea. Si este entorno está en crisis — y esa era la tónica de los años en que se desarrollaron estos juegos — las creaciones lo reflejarán por medio de una carencia de colores alegres.

✓ *Papers, Please* (2013)

El juego *Papers, Please*[10] (2011) se centra en la carga emocional que supone trabajar como inspector de aduanas en el ficticio estado de Arstotzka. Está basado en la experiencia personal del autor, inmigrante estadounidense en Japón (Gwaltney, 2014).

Los videojuegos independientes muestran en ocasiones problemas cotidianos, muchas veces inspirados en experiencias reales, y aunque estén envueltos en una atmósfera de ficción, reflejan una constante en el comportamiento humano. En esta ocasión, el jugador toma el control de un inspector de aduanas en una ciudad ficticia bajo un régimen totalitario donde decide quién entra y quién no de acuerdo con su documentación. Las normas que rigen el acceso al país cambian según como cambien los conflictos bélicos y políticos en su día a día. Un grupo terrorista que lucha contra el régimen utilizando la fuerza, la violencia, y en definitiva y por propia definición, el terror, intentará arrastrar al jugador a su terreno prometiéndole seguridad para él y su familia, así como la posibilidad de huir del país.

Dado todo esto, brillantemente expuesto sin recurrir a la pobre técnica de introducir la historia mediante una narración inicial, el ambiente se genera mediante la pobreza visual, que actúa como reflejo del mundo que representa. La historia evoluciona por medio de los pocos personajes que aparecen, algunos invisibles pero del entorno del protagonista, otros formando parte de la interminable hilera de personas que tratan de entrar.

El jugador tiene la posibilidad de elegir un camino entre varios, o puede verse como variantes de uno concreto. Puede deberse a su gobierno y actuar sin miramientos, siempre según la ley, sea esta justa o no, apropiada o no, pero siempre «legal»; cuando se lo permita puede ser algo más blando con lo establecido, y aun cumpliendo la totalidad de la ley, hacer la vista gorda en algunos casos donde lo vea preciso, mostrando empatía por alguna persona deseosa de entrar en un país injusto solo porque ese es el hogar de sus seres queridos, a riesgo de ser engañado; o puede, por el contrario, aliarse con el grupo terrorista como contacto, no actuando de manera directa, pues esto le exime de la gran parte de responsabilidad siendo esto un subterfugio para alejar todo sentimiento de culpabilidad y desvinculándose de todo conflicto moral.

---

10 Desarrollado por Lucas Pope y lanzado el 8 de agosto del 2013 para Microsoft Windows y OS X, posteriormente lanzado para GNU/Linux a principios de 2014. Ganador en 2014 del Gran Premio Seumas McNally, Excelencia en Narrativa y Excelencia en Diseño, y nominado Premio Nuovo en el Independent Games Festival.

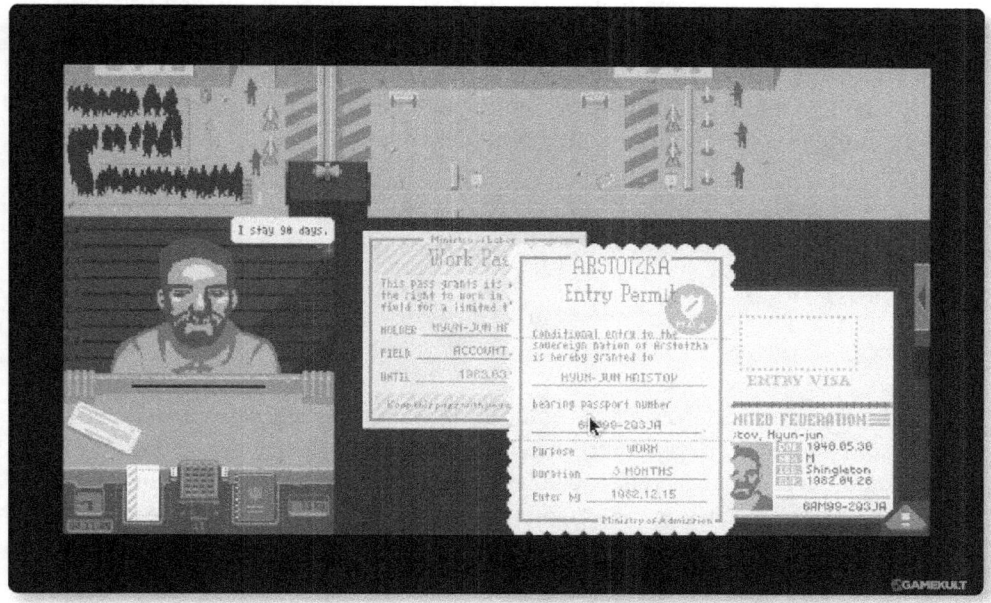

Figura 6.1. Captura de pantalla de *Papers, Please* (2013) durante una partida comprobando en la aduana el visado, permiso de trabajo y pasaporte de un ciudadano

En efecto, cuando el jugador decide formar parte de «la resistencia» no tiene que hacer mucho más que mirar hacia otro lado cuando alguno de los cómplices llega a la aduana con un documento de menos, o guardar un mensaje cifrado hasta que lo reciba la persona en cuestión. En la mente del jugador — y también del personaje —, el peso de lo que hace casi no tiene relevancia, y toda su falta de responsabilidad le autoconvence de que no ha hecho nada malo solo para descubrir al día siguiente que las pequeñas acciones que llevó a cabo el día anterior son los cimientos de los atentados que él solamente vive por medio de un titular en un periódico.

Por el contrario, seguir las directrices gubernamentales le hace ver lo gris que es su mundo, lo triste, monótono y rutinario, frustrante y sin ánimo que es la vida de todos aquellos que pasan por su puesto, e incluso él mismo o los guardias que vigilan el acceso a unos pocos metros de su mesa de trabajo. En ocasiones entabla conversaciones con ellos, los más curtidos y veteranos acostumbrados ya al régimen, buscando siempre la forma de ganar un poco más de dinero, incluso dejándose sobornar o vendiendo piezas de dispositivos fallidos; los más jóvenes e inocentes, llenos de ilusión y a la espera de un futuro esperanzador que nunca llegará.

La estética es imperfecta, pero lo es de forma intencionada. Los colores son todos fríos, incluso los rojos y amarillos son fríos. Al llegar un inmigrante a la aduana su piel no tiene el color esperado y varían de persona en persona, quizá mostrando por medio del cromatismo un estado de ánimo demacrado o falto de esperanza. Lo único que el jugador puede ver es su mesa de trabajo, la persona a la que está analizando y la silueta de una interminable cola de gente que trata de acceder al país, algunos por motivos familiares o laborales, y otros por cuestiones políticas.

> *La estética de* Papers, Please *(2013) está formada por colores exagerados, sombríos y poco saturados. ¿Qué crees que simboliza? ¿Tiene esta estética alguna relación con el marco que trata de representar el autor?*

La aventura está diseñada, como en la mayoría de juegos independientes, para un solo jugador, y es por tanto una experiencia dirigida hacia una única persona, la que toma decisiones sin rendir cuentas, sin colaborar con nadie y sin buscar un objetivo común con o en contra de nadie. Al no tener que justificarse ante nadie salvo quizá a sus superiores virtuales, y teniendo en su mano el poder de decidir quién entra en su país, no muy lejos de la realidad, se atavía con más poder del que se le ha sido asignado, y actúa (en muchas ocasiones) como un pequeño dictador, dueño y señor del estado en el que trabaja.

De forma similar al experimento de Milgram en su «Estudio del comportamiento de la obediencia»[11], mediante el transcurso de la partida, el totalitario gobierno virtual alecciona al jugador en cómo ha de ser su conducta y, bajo la premisa de que está haciendo su trabajo, tal y como en el mencionado experimento, el investigador ordenaba al sujeto repartir descargas sin miramientos. El jugador se llena de poder y se convierte en juez de todo un colectivo de inmigrantes bajo la fachada y excusa de que solo está haciendo su trabajo.

Irónicamente, en otro juego del mismo autor, *The Republia Times*[12] (2012), el objetivo principal, como editor jefe de un periódico es influir en la sociedad mediante la elección de titulares más o menos positivos con respecto a temas sociales, y eventualmente, como rebelión contra un sistema corrupto. Es de naturaleza simple, pero el final del juego refleja la doble cara del uso de poder.

---

11 Publicación sobre los experimentos de psicología social llevados a cabo por Stanley Milgram, psicólogo en la Universidad de Yale, y publicado en 1963 en la revista *Journal of Abnormal and Social Psychology*.

12 Juego en línea diseñado también por Lucas Pope para Ludum Dare, una competición de creación de videojuegos, y distribuido como aplicación de Flash. Sitio oficial: <http://dukope.com/play.php?g=trt>.

Pero el jugador de *Papers, Please* no solo tiene que mirar por su trabajo o la satisfacción que le puede representar (o no) al influir en las vidas de los que pasan por su oficina. También tiene una familia que mantener, y es precisamente esa la razón que puede provocar, más que por proyectar su frustración sobre otros, la que acepte sobornos y delinca para poder tener un dinero extra con el que poder pagar la renta, comprar comida y mantener la calefacción de su apartamento oficial. Y aunque mediante malabares económicos se podría llegar a ahorrar algo para poder permitirse un piso de clase superior, el jugador tiene que lidiar entre tener una partida más compleja o empatizar con sus familiares virtuales y arroparlos con comodidades.

Es, al final, regresar a un estereotipo de un sistema de gobierno cruel y sin libertad donde un funcionario tiene que tratar con su capacidad de ejercer un poder que puede tener un impacto en la vida de otras personas a la vez que mira por los suyos y por sí mismo. Un dilema moral entre servir a un gobierno totalitario, mantener a su familia, o encontrar un punto intermedio. Con el tiempo, el jugador sensible y no automático encarna a un funcionario de actitud mecánica en un mundo donde el trato humano escasea para mantener un sistema diseñado precisamente para las personas.

En *Papers, Please* (2013) no se muestra el rostro de un protagonista porque no es necesario, es en primera persona y se contemplen situaciones que complazcan a diversos tipos de jugadores, a saber, aquellos que se preocupan más por el bienestar de la familia del protagonista, los que tienen mayor interés en involucrarse con la revolución social contra el gobierno, los que buscan el beneficio propio a costa de lo que sea, o aquellos que no son nada permisivos con las irregularidades burocráticas, es un pilar fundamental de su éxito como juego. Son videojuegos que dotan de poder al jugador, y es la manera en la que se ejerce dicho poder lo que determina el resultado. Aquí vemos como las decisiones que se toman tienen una clara repercusión inmediata y la sensación de estar siempre en control es absoluta.

✓ *Cart Life* (2011)

En el caso de *Cart Life*[13] (2011) se puede ver sin duda que ha sido diseñado por alguien movido por la nostalgia que ha tratado de traer del recuerdo una estética tradicional en una escala cromática escasa pero atractiva, que en este caso impacta más por estar en consonancia con lo que el autor trata de transmitir que por la emulación de una tecnología limitada.

---

13 Desarrollado por Richard Hofmeier utilizando Adventure Game Studio y lanzado a mediados de 2011, añadido a Steam en mayo de 2013 aunque retirado poco después tras la publicación por parte del autor del código fuente. Ganador en 2013 del Gran Premio Seumas McNally, Premio Nuovo y Excelencia en Narrativa del Independent Games Festival.

De nuevo el jugador se ve envuelto en un universo que ya de por sí está vivo. Los transeúntes caminan por las calles con sus vidas ya establecidas, sin interactuar con el jugador, salvo como clientes una vez que este ocupe su puesto de trabajo donde realiza tediosas acciones repetitivas para poder subsistir con alimento y alojamiento. Refleja las dificultades para salir adelante en el mundo laboral contemporáneo.

Antes los videojuegos servían como una válvula de escape para olvidar las preocupaciones y los problemas diarios, ahora se han convertido en un reflejo directo de ellos. Al perder la partida no solo se termina la aventura, sino que se condena al personaje protagonista, no bajo el yugo de enemigos irreales contra los que lucha indiscriminadamente sin motivo aparente, o como acción por defecto de un contexto puramente bélico, sino como causa de las inclemencias de un sistema social en el que sufre y no ha logrado salir a flote, que no premia el esfuerzo cotidiano de este protagonista. Cuando este «héroe» *muere*, mueren con él sus sueños y esperanzas con los que comienza la historia en un mundo despreocupado que seguirá su marcha a pesar de que no haya personaje al que manejar.

Al perder la partida no todo vuelve a comenzar a un golpe de tecla. Podría ser así, pero la sensación de fracaso que envuelve la vida del personaje ficticio invade también al jugador que tanto se involucró viendo forcejear contra el tiempo y las circunstancias al no-héroe que maneja. Una parte de ese ser virtual impregna la retina del espectador que lo ve con otros ojos, y solo haciéndose creer que al comenzar una nueva partida le puede llegar a conferir una nueva oportunidad al protagonista de la aventura es capaz de recomenzar el juego, pero no en ese momento, no en ese instante de fin de juego donde ha visto destruidas todas las posibilidades de éxito de un ser con el que empatiza, que el autor puso en un mundo que lo ignora y funciona sin él, y solo bajo los designios del jugador tiene una posibilidad de vivir.

Aunque no es la «vida» de este protagonista lo único que le interesa al jugador, pues ya vive. Al contrario que en muchos videojuegos clásicos, donde la existencia de los seres virtuales es estática, aquí sí puede mejorar, es de lo que se trata y es precisamente esa posibilidad, por muy remota que sea, lo que hace que jugar (luchar contra las adversidades virtuales de seres más realistas) tenga sentido. El jugador, entonces, no trata al juego como un mero instrumento de ocio, sino como una obra interactiva donde crea un vínculo con alguien con quien se siente identificado.

Es así como destaca el personaje principal, que de nuevo no es el más importante de todo ese mundo construido, sino un elemento más que no afecta a ese universo en absoluto, pues podría dejar de existir y todo ese mundo con todos sus personajes no jugadores seguiría su rumbo perfectamente sin problemas.

Se requiere en estos casos un jugador empático capaz de sentir — y por lo tanto de sufrir — que ya no esté interesado en construir mundos irreales, solo en ayudar a conseguir un objetivo a un desgraciado que no encuentra lugar ni en el mundo para el que fue diseñado por el programador. Aquí el protagonista es un ser mínimo, no el típico héroe que cualquiera esperaría ver como protagonista de una historia, en este caso un juego, con el que poder sentirse identificado, solo es un inmigrante ucraniano queriendo comenzar una nueva vida en algún país anglosajón; una persona corriente. Aquí el fin no es la felicidad absoluta, no son las riquezas o los méritos, es poder tener el privilegio de continuar un día más en la rutina de cada día en una sociedad que imita a la real. No se ven atisbos de alegría, no hay luz al final del túnel. Solamente hay soledad y desesperación, y es tarea del jugador mantener ese ritmo, que es lo mejor que puede esperar. Las demás alternativas conducen al fracaso. Mantener un esquema de vida mediocre es lo mejor a lo que se puede aspirar.

Desde las depresivas escenas que evocan soledad donde el protagonista se asea antes de meterse en cama tras un duro día de trabajo, ya sin alegría ni más motivación que la de seguir vendiendo tristemente periódicos en un quiosco además de algún café eventual para poder así incrementar los ingresos, se ve a un personaje afligido y abatido rodeado por píxeles monocromáticos en ese entorno desolador y sin esperanzas donde el único sueño y la única ilusión es poder sobrevivir un día más.

Figura 6.2. *Cart Life* (2011); Andrus Poder finalizando el día, aseándose frente al espejo de manera casi automática envuelto en una atmósfera deprimente

También es un reflejo de esa paz que esos empleos pueden representar, quizá tras haberse *romantizado* en la mente, donde uno de esos trabajadores, mientras realiza su trabajo deja de ser él mismo para, mimetizado con el entorno, ofrecer un servicio a los consumidores viendo evolucionar la ciudad desde el amanecer hasta el atardecer. Cart Life recoge la belleza en la monotonía de este tipo de trabajo, o al menos en la forma en que los seres humanos hacen frente a la monotonía.

> *¿Por qué crees que el autor de* Cart Life *(2011) utilizó el blanco y negro y una exagerada acumulación de píxeles al desarrollar el videojuego? ¿Qué trata de representar el autor con esa gama de grises?*

Y eso es de lo que va precisamente, de una vida monótona en la que lo único que queda son esos pequeños detalles que alteran la simple rutina a la que uno se acostumbra a diario. Al margen de los clientes habituales de su quiosco que compran el periódico cada día, Andrus — que llena su vacío y soledad con la compañía de su gato, el Sr. Glembovski al que apenas puede alimentar sin agotar sus beneficios — no conoce a nadie salvo a Su Chin, la infeliz y siempre aparentemente triste esposa de su casero, compartiendo con Andrus su adicción al tabaco y con una actitud que sin decir nada, pide a gritos poder dejar su vida y comenzar otra nueva, libre y sin ataduras.

Es evidente, a partir de las eventuales conversaciones insulsas, que existe cierta química entre estos dos personajes. Ambos están atrapados en sus vidas y se ven reflejados el uno en el otro. Cualquier jugador esperaría poder ver a Andrus y Su Chin unidos y que compartieran un destino apoyándose el uno en el otro, pero incluso esos caminos están cerrados, no necesariamente porque el autor no lo haya tenido en cuenta o no lo haya querido implementar en el código de programación, sino porque sus vidas ya han tomado caminos tan diferentes que no existiría forma alguna, por mucho que el programador quisiese, de que las vidas de estos dos personajes pudiesen seguir un curso común.

Es entonces cuando se aprecia que Su Chin también está atrapada en ese mundo ficticio, aprisionada en las pantallas pixeladas en las que su vida está asolada por una vida desalentadora y depresiva hasta el punto en el que una palabra casual o una discreta mirada pueden cambiar su estado de ánimo llenándolo de alegría por servir a modo de variedad distractora de la pésima realidad rutinaria en la que está envuelta. Pero al contrario que Andrus, no está subyugada a la voluntad de un jugador externo, solo a las restricciones que el programador creó.

¿Es Su Chin consciente de que su naturaleza es diferente a la del protagonista?; ¿o tanto ella como Andrus perciben su «libertad» de la misma manera?

Cart Life (2011) no solo se reduce al control de Andrus Poder, él es solo el personaje por defecto. La mecánica de juego es similar entre los diferentes vendedores, pero con sutiles diferencias en la mecánica y enormes en cuanto a la historia. Entre los personajes a elegir cada uno tiene sus problemas con los que identificarse, pero todos tienen un nombre, tanto para ellos mismos como para los personajes indirectos que dependen de ellos, si este es el caso. Melanie Emberley es una emprendedora que acaba de abrir un puesto de café y que se ha trasladado con su hermana Rebecca al tiempo que ha de encargarse de su hija mientras se las arregla para las vistas judiciales sobre la custodia.

Cuanto más conocemos a los personajes más fluye la identificación con ellos, más nos vemos en su piel al ver todos los asuntos por los que pasan cada día, que no son otros más que los eventos cotidianos de cualquier vida. Al ver a Melanie cenando las sobras de la mañana al finalizar un día de trabajo, uno no puede desear más que ayudarla, y ese deseo se convierte en el objetivo del juego. No es alcanzar el final sin más, sino conseguir que estos personajes, sus familias y su entorno obtengan lo que el jugador cree que es lo justo, que es una vida digna, realizando un vínculo con experiencias propias de la vida real de cada uno.

Nadie puede decir que no se trate de una vida auténtica plasmada sobre píxeles. Al igual que cuando se maneja a Andrus, donde se va conociendo a Su Chin cada noche al regresar a su habitación, conocemos a la hermana de Melanie, Rebecca, un poco más cada día a la hora del almuerzo, y a su hija Laura al ir a recogerla a la escuela. Y el pasado de cada protagonista es entregado de forma distorsionada algunas noches de manera onírica. Hasta ese punto es íntimo el juego, no conectamos con los personajes superficialmente, hacemos nuestras sus vidas durante el día y a la vez conocemos sus más ansiados sueños así como sus pesadillas.

✔ *Every day the same dream* (2009)

Atrapado en una vida monótona no muy diferente a la de cualquier persona común en la contemporaneidad, el protagonista gris de *Every day the same dream*[14]

---

14 Desarrollado por Paolo Pedercini en 2009. Se puede jugar en línea desde el sitio oficial: <http://www.molleindustria.org/everydaythesamedream/everydaythesamedream.html>.

(2009) forma parte de un simple mundo donde su vida se basa en levantarse cada mañana e ir al trabajo encerrado en un cubículo. En este juego no se cuenta con una narrativa extensa, solo hay apenas cinco pantallas y es el jugador-espectador quien puede apreciar la vida de este empleado anónimo. Según el autor este juego un «corto juego existencial acerca de la alienación y rechazo laboral» (Perdecini, 2009).

Por medio de las acciones que el jugador realiza puede tratar de cambiar la vida de este hombre en su vida gris y repetitiva tratando de romper las limitaciones impuestas por un autor-dios bastante estricto, tratando de ir en contra de lo establecido y en contra de lo que se supone que debe hacer dentro de lo que el autor-programador ha concebido. Se trata de una lucha existencial del protagonista, a la que debe enfrentarse por medio del jugador. En ese universo todo es triste, todo está apagado, todo es siempre igual, todo es gris; y este ser quiere escapar de ese mundo.

Desgraciadamente, las opciones no son muchas. Este mundo bidimensional está diseñado para aquellos jugadores deseosos de contemplar, los tradicionales jugadores-espectadores, pero también para todos aquellos jugadores-actores que quieren «vivir» todas las experiencias del personaje principal, y con la falta de posibilidades donde elegir, se ven atrapados, como un ser más de ese universo plano, sin escapatoria hasta que su deseo de vivir en la aventura también se agota.

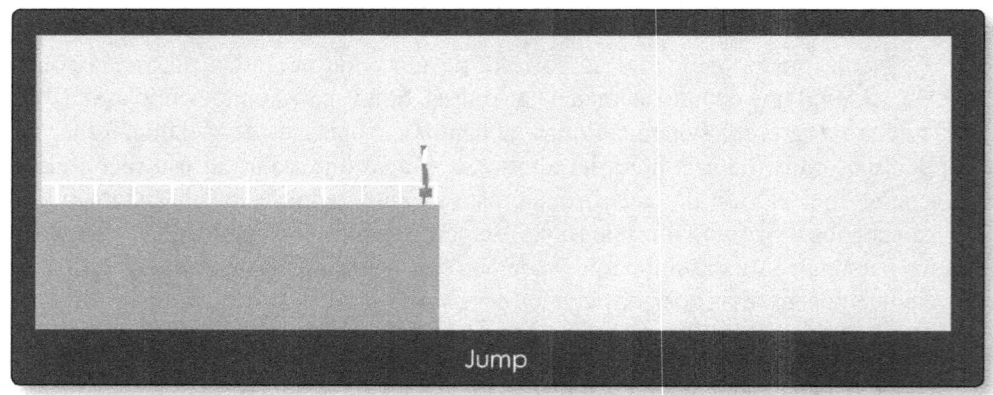

Figura 6.3. Personaje protagonista de *Every day the same dream* (2009) contemplando la posibilidad de saltar al vacío

Desde que este empleado de cubículo cuyo trabajo desconocemos se levanta por la mañana podemos percibir, incluso sin haber jugado nunca, que su vida no es envidiable, no la quiere, que ninguno de los factores externos a su vida (pero todos ellos igualmente dentro de su mundo) pueden ser modificados ni alterados para hacer su vida mejor. Está condenado y cada acción que toma el jugador para intentar cambiarlo es en vano.

Antes se hablaba de que en las aventuras modernas los universos donde transcurren ignoran el hecho de que el jugador exista, todos sus elementos tienen una función y una vida, aunque el jugador no actúe. Aquí el mundo existe en un estatismo perpetuo, pero sigue siendo estático incluso cuando el jugador hace dinámico al protagonista. El mundo ignora en este juego al personaje hasta el punto de que su única salida es dejar ese mundo dentro de lo que el autor-programador concibió como alternativa válida: saltar al vacío desde un rascacielos y despedirse de ese mundo grisáceo.

Lo único que separa a este personaje de la «muerte» es la acción (o la no-acción) del jugador. Tiene que elegir entre vivir en un mundo rutinario y estático o dejar de ser. Nos hace darnos cuenta de lo valiosa que es la vida y lo afortunados que somos al disponer en nuestro mundo de muchas más posibilidades a elegir en lugar de las únicas dos que se muestran en este juego.

Tras realizar todas las posibles variantes que el autor-programador tuvo la gracia de codificar, el protagonista se despierta en su casa, como cada día, pero en un mundo vacío (casi vacío). Su esposa no está, no hay tráfico, su oficina está vacía, incluso la anciana con la que se topaba cada mañana en el ascensor ha desaparecido. Parece como si la aventura se hubiese dado por finalizada antes de que el jugador-actor lo pueda saber.

Cada vez que el jugador actúa según el cometido con el que este mundo virtual designó al protagonista no ocurre nada, cuando sigue un camino «fuera del sistema», algo cambia. Cuando ya no quedan más oportunidades y todo el mundo está desierto, en la azotea de la empresa que trabaja ve a un hombre como él (puede que sea él mismo porque todos en este mundo son clones idénticos) que salta al vacío. Es entonces cuando se da cuenta que precisamente por rebelarse contra lo establecido solo está acercándose hacia donde justo no quería, porque todos se rebelan de la misma forma y encuentran el mismo final.

✓ *Digital: A Love Story* (2010)

En *Digital*[15] (2010) la historia es puramente lineal. Existe una y solamente una manera de hacer las cosas, por lo que la partida nunca es diferente y todo lo que se haga tiene las mismas consecuencias que la primera vez que se juega. Se cuenta la historia de la relación en línea del jugador con una chica mientras trata de resolver un misterio utilizando las viejas interfaces de los ochenta, estilizadas y armonizadas, como si se tratase de *ochentificar* el estereotipo gráfico de mediados de los noventa para entretener a los jugadores más jóvenes a la vez que alegra a los que vivieron realmente aquella época haciendo uso del poder de la nostalgia, esto es, la identificación del lector/consumidor con una imagen de un tiempo pasado, distorsionada y ornamentada.

Antes de los chats, de la mensajería instantánea, de las redes sociales, se utilizaban los BBS (del inglés, *Bulletin Board System*, tablón de anuncios). Un sistema que permitía a los usuarios conectarse al sistema e intercambiar mensajes, aunque no en tiempo real, además de leer noticias, descargar archivos de poco peso, muy al estilo de una primitiva versión de los foros que tanto abundan hoy en día.

El protagonista utiliza uno de estos sistemas para interactuar con los otros pocos personajes de la historia mediante el intercambio de mensajes, que el jugador no puede escribir, sino intuir, al no ser ni siquiera mostrados en la pantalla. A través de cómo transcurre la historia y de las respuestas, el jugador se hace una imagen mental de lo que sucede.

> *En* Digital *(2010) los personajes principales mantienen correspondencia electrónica, pero lo que envía el personaje que maneja el jugador no se muestra. ¿Cómo se intuyen los asuntos que han discutido?*

Es una novela digitalizada, no muy diferente de las clásicas aventuras de ficción interactiva que se hicieron populares antes de la llegada de los gráficos como base y cimiento fundamental del ocio digital. Y aunque la trama transcurra siempre igual, su componente catártico es impresionante, quizá por el desconocimiento que existe de las respuestas que el personaje envía para responder los mensajes de Emilia, que se escriben siempre de manera distinta en la mente del jugador.

---

15 Diseñado por Christine Love — de ahí el magnífico juego de palabras al subtitularlo *A Love Story* — en febrero de 2010. Este videojuego recibió críticas muy positivas con respecto al argumento, pero sobre todo por la interfaz gráfica. El periódico británico *The Daily Telegraph* le otorgó el premio de «mejor guion» en 2011.

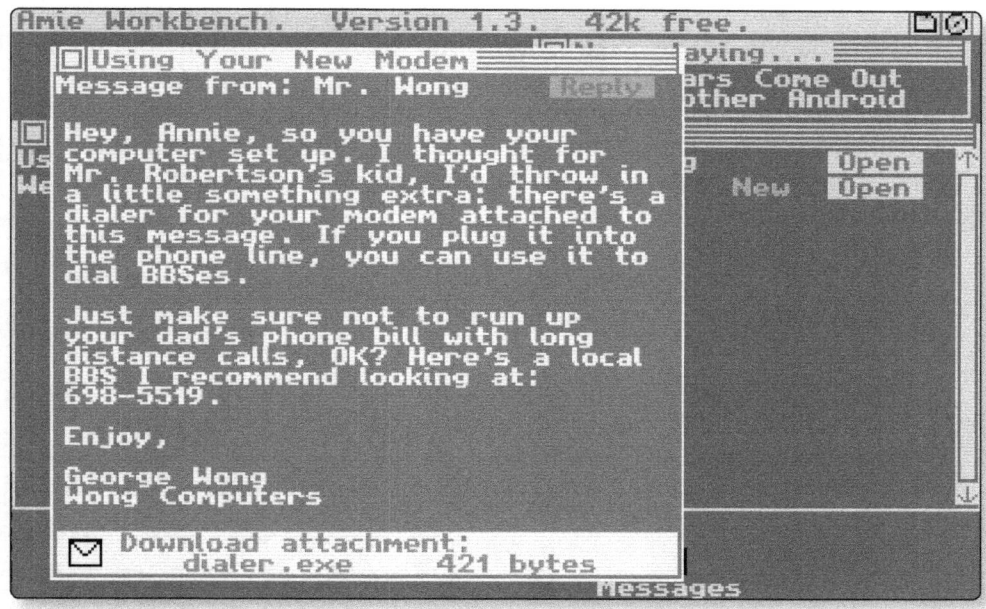

Figura 6.4. Captura de pantalla de *Digital: A Love Story* (2010) mostrando una interfaz estilizada para establecer visualmente la época en la que transcurre la trama

Dada la alta actividad de muchos usuarios con sus computadoras, la interacción interhumana se ha convertido casi exclusivamente en una relación humana-máquina-humana, esto es, se utiliza un intermediario digital para guiar, y hasta moderar, las conversaciones interhumanas. Precisamente ahora, en el siglo XXI, puede tener éxito una historia como esta, porque la manera de interactuar con el juego no es diferente a la utilizada para interactuar con otras personas que se encuentran en otros lugares detrás de sus monitores. Este factor convierte virtualmente en real la sensación y emoción del jugador, que no se siente tal, sino que se siente usuario en un rol no muy diferente del que percibe cuando habla con sus conocidos — o incluso desconocidos — en ámbitos del ciberespacio. Cuando la interfaz de comunicación real no se distingue de la de una simulación, el jugador pierde su categoría de jugador-espectador, no llega a ser jugador-actor porque se olvida de su rol ficticio, y se convierte directamente en personaje. El lector se convierte en el protagonista ontológicamente, en su mente no hay discriminación en sus acciones y comportamientos virtuales de los reales porque la realidad de hoy es siempre virtual, es siempre digital.

Otra gran manera de propiciar la catarsis es darle más peso al jugador-espectador reduciendo el de jugador-actor. El segundo modo genera una forma inmersa de interactuar con el entorno, pero cuando el jugador está actuando vive la historia como uno más del mundo virtual. Así se generan emociones, pero son el resultado del apoderamiento en el jugador del personaje que controla. Cuando se percibe sin el trabajo adicional de tener que «actuar» se siente por identificación de lo que se observa, exactamente como en el cine o el teatro, pero dada la naturaleza lúdica que subyace al juego, no puede desprenderse de la categoría percutora para que exista cierta interacción.

✓ *The Novelist* (2013)

Podemos comprobarlo en juegos como *The Novelist* (2013). La acción transcurre de manera autónoma sin necesidad de que el jugador intervenga. Es en verdad una simulación de una familia donde los rasgos de su personalidad ya están definidos en base a sus memorias y recuerdos ya están establecidos, así como los lazos que mantienen entre ellos.

Los personajes principales son los miembros de una pequeña familia que decide retirarse a una zona rural lejos de la ciudad durante unos meses. Dan Kaplan, un escritor con el síndrome de la página en blanco que quiere reconectar con su esposa e hijo al tiempo que trata de finalizar su libro: su esposa Linda, una artista, y el hijo de ambos, Tommy. La historia no se desarrolla en un gran escenario, sino dentro de la casa, lugar que necesariamente debe existir para situar a los personajes aunque el gran conflicto no es para con el mundo que les envuelve, sino el que se refiere a sus metas y deseos personales.

El jugador actúa fundamentalmente como un espectador que observa y vigila a modo de un espíritu invisible que se mueve por la casa, aprendiendo sobre esta familia, leyendo sus notas, diarios personales y cartas, pero más aún, introduciéndose en sus mentes y viendo, como en tiempo real, fotogramas tridimensionales de viejos recuerdos desde su llegada, es decir, desde el comienzo del juego. La partida comienza tan pronto como se han establecido los personajes y sus recuerdos se remontan a ese primer día de mudanza. Es ahí donde comienza su aventura. Navegando por sus memorias, el jugador, que solo puede ver, escucha viejos fragmentos de conversaciones que complementa la información obtenida y así los conoce más.

En The Novelist *(2013), ¿puede ocurrir el juego si el jugador decide no tomar ninguna acción?*

Este juego rompe las reglas de los personajes secundarios al hacerlos tan irrelevantes que no son ya precisos. No es necesario incluir en escena a un personaje extra para exponer, porque toda exposición viene de las mentes de los miembros de esta familia a la que el jugador tiene acceso. En todo caso se puede hablar de instancias principales de los personajes cuando estos interactúan entre ellos en el tiempo instantáneo, e instancias secundarias cuando lo hacen en sus recuerdos. No obstante, se puede interpretar justamente al revés, viendo sus experiencias pasadas con mucho mayor peso ya que es el punto previo que les derivó a la situación presente.

El pasado no se puede cambiar, pero se puede utilizar para modificar el presente. Esta es la base y premisa principal oculta de la que este juego echa mano.

Figura 6.5. Jugador como ente invisible en *The Novelist* (2013) contemplando a Dan Kaplan, meditativo mientras piensa en cómo poder dedicar más tiempo a su hijo Tommy

Viendo cómo actúan, escuchando sus conversaciones y leyendo sus diarios no es suficiente para conocer a estos personajes. Nadie imprime el completo abanico de sus deseos en sus relaciones sociales o trabajos creativos, habría que estar dentro de sus mentes para poder saber en qué piensan realmente. Y es posible para el jugador leer estos pensamientos, convirtiéndose así en conocedor omnisciente de todo lo que ocurre, tanto fuera de sus mentes, y dentro de ellas, en el presente en forma de pensamientos; y en el pasado, en forma de recuerdos visuales.

Dan es el personaje sobre el que se centra la historia. Aunque su esposa e hijo son tan importantes para él como para la trama, es a través de este escritor, marido y padre, como se resuelven todos conflictos de elección. Obviamente, un juego no sería tal sin un componente activo que permita que el jugador, como percutor, provoque cambios en los personajes o el entorno. Las acciones del jugador se limitan únicamente a ver y escuchar, pero también a influir en las decisiones de los personajes teniendo en cuenta que el hecho de que un personaje alcance una meta, por sencilla que sea, implica que otro miembro, en este caso de su familia, no obtendrá la suya. Son estas sutiles persuasiones las que hacen que la partida avance, y con ello se salte una semana en el tiempo para ver los resultados de esta. El jugador, ya conocedor de las necesidades de cada personaje ha de tomar la decisión de quien será el que sea un poco más feliz viendo que la consecuencia es negativa en otro miembro de su familia. El juego realmente se basa en la elección de prioridades conflictivas, o de ser concesivo con un personaje ignorando al resto.

Quien obtenga su meta será aquel que se gane el favor del jugador, y por tanto, aquel que este desea hacer más feliz, quizá por autorrepresentarse en el personaje, por identificarse con él, o más concretamente, con sus problemas, que no son otra cosa más que un punto de vista del mundo que se le presenta. El jugador puede aprender mucho sobre sí mismo viéndose reflejado en los personajes en los que tiene la capacidad de influir deseando para ellos lo mismo quiere para sí mismo.

La partida continúa en intervalos semanales, y en cada ocasión se puede ayudar a otro personaje a estar un poco más cerca de su meta, pero eso implica ir conociéndolos más a medida que pasa el tiempo, y en especial, a medida que su entorno va siendo modificado por quien es influenciado por el espíritu espectador del jugador. Puede que la meta real sea encontrar el equilibrio entre deseos cumplidos y aquellos a los que se ha tenido que renunciar para hacer felices a otros.

Leyendo las palabras de Dan en sus notas, es fácil que alguien se identifique con él. Un joven padre sumido en la rutina, queriendo hacer tanto y debiendo centrarse en un trabajo para el que ya no tiene motivación, en parte por verse rodeado de tantos problemas. Al ser una imitación de la vida, son los mismos asuntos que cualquier persona puede tener. No se trata de llegar a fin de mes como en *Cart Life* (2011), pero sí presenta ejemplos tan claros como el remordimiento que siente tras, pese a tener una buena intención, mentir a su hijo diciéndole que su libro va muy bien cuando apenas ha podido escribir una página.

Entre los recuerdos de Linda se observan todas esas ansias de conseguir pasar algo de tiempo con Dan, estresado por su libro, asfixiado por la fecha de entrega y por la calidad de la historia que determinará si será un escritor de éxito o no. Al verla en su estudio de pintura después de haber navegado por sus recuerdos, se atisba sin ayuda de texto alguno ni imágenes de sus recuerdos, que se cuestiona hacia dónde va su relación con su marido, sobre el matrimonio en general. Tommy, que solo desea pasar tiempo con su padre, como así refleja en cada dibujo que hace, y la preocupación mutua de Dan por no hacerlo, son deseos comprensibles y de aparentemente fácil resolución, pero cuesta llevarlos a cabo *a priori*, no sin antes ver cuán importante es cada instante con los seres queridos.

Es una lección que aprenden personajes y jugador a la vez, a medida que forcejean con elecciones presentes en el día a día de cada uno. No es ciencia ficción donde el punto de vista es una alegoría para poder comprender la psique humana viendo el problema desde fuera, es identificarse con un personaje que tiene exactamente el mismo problema. Quizá el jugador, ayudando a que los personajes alcancen sus metas, pueda encontrar el medio y modo para obtener las suyas, sabiendo que los conflictos, a veces, nos unen más.

The Novelist (2013) nos recuerda en cierto modo a *Façade*[16] (2005), una simulación dirigida por inteligencia artificial donde el jugador interpreta a un invitado de los dos únicos protagonistas: Trip y Grace.

✓ *Façade* (2005)

Mediante las acciones que se van ejecutando, que son todas mediante la introducción de líneas de diálogo que contribuyen a la conversación en curso, esto es, siendo un participante más de la situación y por tanto actuando en ella, el objetivo real es ser espectador de las reacciones que generadas — si hay — y qué trascendencia pueden tener. El equilibrio entre jugador-actor y jugador-espectador es excelente, porque precisamente se obliga a que el jugador interprete el personaje de invitado con el fin de poder contemplar, como espectador, el efecto que sus palabras provocan.

---

16 Creado por Michael Mateas y Andrew Stern en 2005. Fue el ganador en 2006 del Grand Jury Prize en el festival anual Slamdance de juegos independientes.

Figura 6.6. Trip y Grace en *Façade* (2005) recibiendo en su casa al protagonista como invitado de su pequeña reunión

El protagonista está en blanco para ser rellenado por completo con la personalidad e intencionalidad asociada que el jugador, como actor en escena, quiera imprimir. Lo único establecido es el hecho de que los tres personajes se conocen entre sí.

La identificación puede darse viendo a los personajes, entendiendo sus motivaciones y por medio de cómo va sucediendo la conversación, descubrir y adentrarse más en el conflicto que tienen entre ellos. El entorno, una vez más, es irrelevante, siendo algunos elementos de él una excusa para exponer el conflicto, que en principio tratarán de mantener oculto, pero tal y como se han establecido sus personalidades e inquietudes, y también sus egos virtuales, puede salir a relucir durante la velada.

¿Existe un final adecuado en Façade *(2005)?*

Hay muchas formas de terminar la aventura, como corresponde a este tipo de juegos, pero no debe existir nunca un final mejor que otro, solo diferentes finales. No sabemos cuál es el destino que depara a los personajes de *Façade* al iniciar cada partida, solo al llegar al final la incertidumbre desaparecerá.

6.1.1 Diferencias con la cinematografía cuasi interactiva

Ambos son tipos de juegos para el jugador-espectador más que otros roles, pero se diferencian en un detalle importante: en los juegos de cinematografía interactiva como *Firewatch* (2016) y *Virginia* (2016), las acciones que se toman no son tales, no afectan al argumento ni a los personajes y cualquier decisión que se realiza no altera, ni el entorno ni a los personajes que lo pueblan.

Por el contrario, en *The Novelist* (2013) o en *Façade* (2005), las acciones del jugador repercuten en los personajes, y estos, transformados por las decisiones del jugador encarnado en protagonista, sea un espíritu invisible o un amigo invitado a una pequeña reunión, toman decisiones que modifican su futuro. Si la historia continuase sus vidas serían completamente diferentes en función de las elecciones tomadas, que son función directa (y exclusiva) de las acciones del jugador. El jugador-percutor, entonces, es quien modifica el mundo donde los personajes se hallan, así como a los mismos. Es esto lo que permite que existan diversos finales, cada uno de ellos es un sendero diferente que ha tomado el personaje o personajes a causa directa de las decisiones del jugador, y es precisamente esto lo que impide que los finales no sean ni mejores ni peores, solamente diferentes.

Los juegos que hemos denominado de cinematografía cuasi interactiva están dirigidos a un jugador que ejerce los roles de espectador y actor, pues está actuando como el personaje principal, y tomando determinaciones y resoluciones sobre cuestiones importantes para él, pero que, sin saberlo, no cambian el mundo en el que se encuentra. Su componente percutor se limita únicamente a tomar inertes resoluciones, carentes de toda contundencia en el universo en el que se encuentran, pero llenas de significado solo en el interior del personaje, identificado con el jugador que está, en realidad, actuando.

6.1.2 Conclusión

La catarsis puede surgir en cualquier medio y está extremadamente ligada, como se ha dicho, a la autorrepresentación entre jugador y personaje en función del vínculo que los une. Los juegos que dotan de más importancia a los roles de jugador-espectador y jugador-actor favorecen a este proceso. Si lo que buscamos es una identificación pura, sin desvirtuar nada de lo que allí existe, utilizamos la cinematografía cuasi interactiva como ventana a un mundo determinista camuflado de todo lo contrario donde las únicas repercusiones reales son las de ese entorno para con sus pobladores; si queremos cambiar o ver cómo se alimenta el ciclo personaje-entorno, produciendo cambios el uno en el otro de manera bidireccional, es obligatorio aumentar las capacidades del jugador-percutor para que ejerza esos cambios en el medio donde transcurre la acción, y no solo para comunicar a personaje con jugador.

Es necesario tener en cuenta que si existe la posibilidad del jugador para interactuar con el entorno interfiriendo con las decisiones naturales de los personajes, es obligatorio tener presente que sus resoluciones le tendrán que llevar hacia distintos caminos, y el jugador, ahora como espectador, tiene el derecho de ver cuáles han sido las implicaciones de sus actos en la vida de los protagonistas. Después de todo ha sido el jugador quien le ha concedido al personaje un nuevo destino, y el conocerla es la recompensa en este tipo de juegos.

7

UNA COMUNIDAD CIBERNÉTICA

7.1 MULTIJUGADOR

El modo multijugador surgió como una característica que permitía a los jugadores tener oponentes reales en lugar de tener como oponente a una máquina, lo que funciona e incluso mejora los juegos basados en una inteligencia artificial, esto es, aquellos donde no hay una aventura o un hilo argumental fijo que hay que seguir como una película. En todo caso, de existir una trama, lo hace de manera superficial y en segundo plano para establecer un trasfondo que justifique el mundo donde sucede la acción, pero no una cambiante que implique un desarrollo de personajes. Es por esto que en los videojuegos con modo multijugador, se pierde la característica inicial para la que fue destinado si nos fijamos solamente en aquellos con un alto contenido argumental, como una retirada del mismo. De esta manera, juegos como *Half-Life* (1998) y *Quake* (1996) — sucesor de la serie *Doom* de id Software — en sus modos de multijugador se convierten en campos de batalla donde los jugadores conectados al mismo servidor luchan entre ellos, cada uno por libre o por equipos. Esto puede comprenderse como un cambio de las normas del juego manteniendo el mismo tablero ya que los objetivos ahora son diferentes, en lugar de avanzar para acceder a nuevas zonas del mapa que acerquen al protagonista a un nuevo evento argumental o sencillamente por superar niveles se trata de ser vencedor en un entorno reducido, pero manteniendo todas las restricciones nomológicas iniciales. Ya no hay historia, solo contexto.

Lo que en el modo de un solo jugador en *Quake* es la exploración de zonas oscuras con una particular estética infernal en su campaña organizada por niveles, buscando llaves y palancas para abrir puertas y activar pasadizos, moverse por un laberinto, en el modo *deathmatch* es la aniquilación de los demás jugadores. Si se cambiase la estética, si las formas y diseños de los personajes fuesen diferentes, nada cambiaría en ese modo de juego. Lo único que es distinto es lo que aporta el contexto, que si tiene lugar en un período bélico ya ocurrido o un mundo ficticio de ciencia ficción, el armamento, los ascensores y demás artefactos de uso durante la partida se alteran en consecuencia.

¿Qué provoca que un jugador de estos combates a muerte elija un videojuego con *deathmatch* sobre otro? Sencillamente el apego que tiene el jugador a la estética y reglas naturales de esos juegos. Si la estrategia de un jugador es la de utilizar el mítico salto optimizado al aprovechar la onda expansiva de un misil (*rocket jumping*) seleccionará *Quake* antes que otro juego. Si prefiere un entorno más luminoso y un contexto más histórico, entonces la serie *Battlefield* (2002–2016) será su elección. Nótese que si eliminamos el modo campaña de estos juegos no queda más que un solo jugador moviéndose por un mapa, coleccionando armas y munición.

El juego *Counter-Strike* (1999) fue revolucionario en este aspecto al incluir un elemento de juego en la concepción de los avatares con los que se juega. Inicialmente concebido como una modificación de *Half-Life*, los jugadores seleccionan el equipo que van a utilizar para el combate antes de comenzar. Ya no hay armas desperdigadas por el mapa que aparecen de manera infinita unos segundos después de haber sido recogidas. El conocimiento del mapa entonces es utilizado en estos videojuegos como un elemento estratégico del que el jugador debe hacer uso para estimar cuáles son las entradas más posibles en las que un contrincante se puede hallar, pero si retiramos todas las zonas fijas donde se generaba armamento o protección, se excluyen pasillos y corredores antes concurridos con más frecuencia. La estrategia ahora es saber qué arma elegir y en qué momento, pero no todas son accesibles, ya que tienen un precio para el cual el jugador va adquiriendo dinero en lugar de puntos según sus méritos durante el combate. Así los mejores jugadores (en teoría) dispondrán de más fondos para comprar más armamento, pero al contrario que en los modos de campaña, el tamaño del equipo está confinado a unos pocos elementos. Es esto lo que hace el juego, y no su historia.

En *Counter-Strike* los dos equipos se distinguen entre terroristas y fuerzas de asalto, y cada uno tiene su material de batalla en consecuencia, pero todo es una apariencia solo para favorecer a la distinción de equipos, pues ambos están igualmente equilibrados en el tipo de armamento que ambos pueden elegir y lo único que realmente cambia es su posición inicial en el mapa. En vez de aparecer en lugares aleatorios al comienzo de la partida, todos lo hacen en un área determinada, conocida a fuerza de costumbre por jugadores de cualquier equipo, y en lugar de reaparecer en el mapa tras una muerte, no se puede volver a jugar hasta que finalice la misión actual. Con esto se garantiza que se trate de un combate entre equipos donde el número de miembros que lo componen influye en la batalla. Se trata de una contienda puntual en la que la victoria es evaluada realmente por equipos en relación con el mapa para esa misión en particular, y no como sumatorio de los méritos individuales de cada jugador.

Así aparecen posteriormente variantes, como *Team Fortress* (1996), basado en el motor de *Quake*, donde las normas del juego se refinan para adaptarlas estrictamente a dos equipos para llevar a cabo una acción común — generalmente la de la captura de la bandera o control territorial—. Con el fin de que este esquema funcione es obligatorio que los equipos estén balanceados, y así delegar todas las ventajas estratégicas no al azar, sino a la pericia de los jugadores y conocimiento del mapa.

Los juegos de estrategia como este también fueron, muy probablemente, los precursores del desarrollo del jugador espectador. Estos mantienen su objetivo primitivo en el que sustituyen la inteligencia artificial por real, lo que confiere un nuevo desafío, porque los resultados de luchar contra humanos están asociados a una gran imprevisibilidad que las máquinas no son (aún) capaces de emular por muy erráticamente que quieran comportarse. Esa es la clave del comportamiento humano, que no puede catalogarse dentro de un patrón determinado, y si a fuerza de costumbre se consiguiese determinar cada aspecto de cada característica de la condición de un oponente humano, otro totalmente distinto supondrá un nuevo desafío. Solo con una gran capacidad de adaptación y un buen conocimiento de las reglas y capacidades del juego.

Ocurre lo mismo con los juegos de carreras o juegos de mundo abierto como los últimos *GTA*, despojados de la narrativa al hallarse en un ambiente multijugador, esto es, sin los llamados personajes no jugadores pues todos son reales, se aleja de aquello para lo que originalmente fue concebido.

7.2 RETRANSMISIÓN DE PARTIDAS

Este tipo de videojuegos llevan la aventura más allá de aquello para lo que fueron diseñadas. Los juegos de estrategia fueron en gran medida aquellos que explotaron el concepto de multijugador. Este modo del juego es extremadamente popular en Corea del Sur hasta el punto de retransmitirse campeonatos por televisión que, con la creciente popularidad de los sistemas de transmisión que se fueron gestando desde la aparición de YouTube hasta tomar forma en plataformas como Twitch.tv (propiedad de Amazon), sigue incrementándose la audiencia a la vez que continúa en constante desarrollo la manera en la que se distribuye e interactúa con la información. Con esto nace un nuevo espectador que, en lugar de jugar directamente, disfruta de la partida de otros jugadores.

Inicialmente se subían vídeos a YouTube, por aquel entonces de pocos minutos dadas las limitaciones de la plataforma, que contenían partidas comentadas por sus propios autores durante la partida, los *let's play* (literalmente «juguemos», a veces abreviado *LP*). Esto sigue sucediendo, y se mantiene un diálogo entre jugador (productor) y espectador (consumidor) por medio de comentarios y otros medios de comunicación digital. Estos vídeos se subían por capítulos sustituyendo para muchos la preferencia de programas de televisión por un nuevo entretenimiento, pero con la mejora exponencial de estas plataformas y el nacimiento de otras, lo que comenzó como un pasatiempo para muchos se ha convertido en una manera de ganarse la vida. Eso puede ocurrir porque la audiencia a la que se dirigen es muy extensa, pero también porque es muy activa y el alcance que tiene es global, con lo que encontrar personas afines es mucho más fácil probabilísticamente.

En servicios más contemporáneos, la transmisión sucede en directo y la comunicación entre jugador y audiencia sucede también en tiempo real, con lo que esta se convierte en participante de lo que ocurre durante la partida teniendo capacidad para sugerir, recomendar o sencillamente opinar qué decisiones tomar durante el juego. Esto se convierte en otro juego en sí mismo. Ya no se es un espectador inactivo de una partida realizada por otro jugador, sino que se sustituye el ocio tradicional y «estático» por uno más dinámico donde la voz de la audiencia cuenta y puede alterar el transcurso de la partida.

Los *let's play* han cobrado una gran popularidad en esta última década gracias a YouTube y a la nueva moda de videojuegos que expandieron las capacidades de las conexiones en red de mediados y finales de los años noventa. Pero también porque el formato de juego es muy diferente.

Exceptuando los finales de corte cinematográfico en las aventuras retransmitidas como *let's play*, en aquellos otros juegos donde se combate, ya sea individualmente o por grupos, contra otros jugadores reales conectados desde sus casas en lugar de hacerlo contra una inteligencia artificial, no existe un final. La meta es el entretenimiento de la audiencia en función de los eventos que transcurren accidentalmente o que se provocan.

Con la llegada de sitios con servicio de alojamiento y distribución de vídeos se llegó a un público que antes que jugar en primera persona prefería ver, observar y analizar, como un espectador que contempla desde una grada un partido de baloncesto. Se comparan estrategias, jugadores, partidas en sí mismas, se comentan en foros de debate, reales y virtuales, y ya es una forma de vida para muchos, con ingresos mensuales formando parte de la gran red de «youtuberos» cada día mayor, algunos de ellos con un número de suscriptores mayor que el de muchas celebridades. Es tal el fenómeno que recientemente YouTube ha creado una nueva sección dedicada únicamente a esta temática con sus correspondientes aplicaciones móviles (*apps*) para teléfonos, tabletas y demás dispositivos electrónicos.

> En YouTube, los videojuegos han dado lugar a géneros totalmente nuevos de vídeos, desde *let's plays*, tutoriales y *speedruns*[17], hasta vídeos de cocina y musicales. Ahora, es nuestro turno de devolver el favor con algo construido específicamente para los jugadores.
>
> Lanzaremos YouTube Gaming, una nueva aplicación y sitio web para mantenerte conectado con juegos, jugadores, y la cultura que te importa; con vídeos, transmisiones en directo y la mayor comunidad de jugadores en la web. Todo en un solo lugar (*Joyce, 2015*).

¿Qué ha provocado que exista una comunidad tal? Es una consecuencia natural de que los jugadores tengan capacidad de retransmisión, hoy común en cada hogar, pero eso no basta. Hace falta una audiencia consistente, un espectador independiente del propio jugador que prefiera no jugar sino contemplar cómo otros juegan. Se añaden nuevas reglas al juego si estas no existían para hacer más desafiante la experiencia. En los *speedruns* se lucha contra el tiempo sin que esto haya sido tenido en cuenta durante el proceso de producción del videojuego, o se trata de llegar al final sin utilizar ciertos atajos o aprovechando conocidos fallos (*bugs*) del juego. Esto repercute en cómo se diseñan los juegos ahora. En las primeras versiones de desarrollo de *Spelunky* (2009), antes de ser remodelado para Xbox, el autor alteró el código fuente para que los niveles oscuros que se generaban aleatoriamente cambiando la manera en que el jugador se movía con un paso mucho más lento por la falta de visibilidad, no ocurriesen si el nivel anterior se hubiese terminado en menos de veinte segundos. Así no se frustraba a los *speedrunners* sin alterar la funcionalidad para el resto de jugadores. Esto no es más que un ejemplo del impacto que tienen estas comunidades y nuevas costumbres en el desarrollo de videojuegos, que cada vez más, aunque no incluyan un modo multijugador, son tenidas en cuenta.

Antes hablábamos del jugador-percutor y del jugador-espectador. Los roles de estas dos entidades son tan grandes ahora mismo que no pueden ser servidas a un mismo usuario, se han de repartir entre más personas. Es claro que desde la existencia de un jugador-espectador se podría haber vislumbrado que pasaría esto, ya que, si cabe un espectador, hay lugar para muchos más. Sin embargo, no se trata de si hay espectadores o no, puesto que el jugador-percutor sigue ejerciendo su dominio sobre el juego interactuando con ese mundo imaginario como jugador-actor. Se trata

---

17 Los *speedrunners* utilizan la mayoría de errores del motor del juego, así como fallas para tomar atajos y tardar menos tiempo, pero existen modalidades donde se autoimponen normas estrictas indicando qué está permitido hacer.

de la necesidad de la existencia de ese espectador en estas comunidades al margen de un jugador principal que ejecute las acciones de su personaje virtual.

Ahora es el jugador-percutor el que trabaja para una audiencia y se somete a ella y sus peticiones y necesidades. Este fenómeno ha ayudado a despersonalizar todas las esencias del jugador y redistribuirlas en personas diferentes. Quién sabe si en un futuro próximo se separen el jugador-percutor y el jugador-actor en dos entes aún más diferenciados, o que un jugador-percutor ejecute un mundo para múltiples actores potenciales que participan también como actores en un universo de ficción.

Con todo esto se abre un nuevo mercado para los videojuegos, y es el salto de su dedicación para un jugador singular a la capacidad que estos ofrezcan como producto apto para ser distribuido digitalmente como lo es la retransmisión deportiva. Pero una vez más nos encontramos con la paradoja de que muchos de los videojuegos retransmitidos tanto en YouTube como en Twitch.tv nunca fueron concebidos para tal fin; se trata de productos lanzados décadas atrás, antes de la aparición de Internet tal y como lo conocemos, que enganchan a grandes audiencias igualmente.

Hoy, con la serie de campeonatos mundiales de *World of Warcraft (WoW)* (2004) y *StarCraft II: Wings of Liberty* (2010), también hay lugar para comentaristas que a modo de un partido deportivo, explican las estrategias y escaramuzas que realizan los participantes. Esta serie de campeonatos mundiales de Blizzard Entertainment surgieron desde 2012 pero fue a partir de 2015 cuando comenzaron a ser organizados y retransmitidos, entre otros juegos, por ESL (originalmente *Electronic Sports League*) a través de Twitch.tv. Solo para el campeonato de *Counter-Strike* de agosto de 2015 hubo más de 27 millones de espectadores (McConnell, 2015).

En verano de 2015 el presentador estadounidense Jimmy Kimmel realizó un monólogo cómico (Kimmel, 2015) con respecto a esta tendencia comparando a los espectadores de *let's plays*, no con los que disfrutan de una buena comida en un restaurante, sino con aquellos que va a un restaurante para ver a otros comer. En cierto modo puede verse así. Cualquier miembro de la audiencia de esos canales de YouTube puede comprar, alquilar, descargar cualquiera de esos juegos y ser el protagonista, pero no lo hacen, porque la experiencia que quieren sentir es la del jugador-espectador sin la carga de ser el jugador-percutor.

Desde finales de la primera década de siglo, comunidades de transmisión y difusión de contenido digital han incrementado la cantidad de usuarios. Un ejemplo claro es Twitch.tv. Los que en un comienzo solamente subían vídeos de juegos por diversión encontraron la manera de ganarse la vida retransmitiendo para comunidades de espectadores y alterando su contenido en función de las donaciones. Los sistemas de mecenazgo digital como Patreon — creado por Jack Conte en 2013, que precisamente buscaba una forma de vivir de sus vídeos de YouTube —,que en apenas tres años ha llamado la atención de esta nueva generación de jugadores. Pero algo curioso sucedió: en lugar de competir entre ellas, se creó una simbiosis entre estas plataformas. YouTube se utiliza como la plataforma base sobre la cual se promocionan y arrastran a su audiencia hasta Twitch.tv, donde se llevan a cabo las largas partidas de entre cuatro y ocho horas, siendo Patreon el medio de financiación preferido dando privilegios de contenido o decisión a los mismos mecenas.

A pesar de todo, casi todo este contenido es gratuito. Para los críticos, que ofrecen contenido exclusivo a los miembros, siempre terminan por mostrar al público dicho contenido semanas o pocos meses después. Para los que retransmiten partidas, estas siempre se pueden recuperar en diferido, y si se conecta un usuario en directo, puede participar en los chats comentando con el resto de espectadores o incluso con el mismo jugador viéndose parte de la aventura.

En el propio sitio web, a la pregunta «¿Por qué la gente retransmite?», Twitch.tv responde:

> Es divertido y representa una nueva red social para conectar con amigos y fans a través de un amor compartido por juegos. Muchos usuarios están viviendo de Twitch basándose únicamente en la forma en que entretienen e interactúan con sus audiencias.[18]

Si esto es un negocio capaz de convertirse en una forma de vida, esto es, se convierte el ocio en un negocio. Pero la cuestión sigue vigente, ¿por qué (y en qué) cuesta ser el jugador-percutor? ¿Cuál es ese coste para que esa audiencia prefiera seguir en su papel de espectador antes que el de percutor? La respuesta puede ser la falta de riesgo.

¿Qué es lo que lleva a esta gente a querer ser espectadores de estos *streamers*? No es la falta de dinero que les impide adquirir ese juego para ellos y disfrutarlo en primera persona, al menos no la primera causa, ya que estos redifusores de contenido lúdico reciben donaciones por parte de su audiencia, y estas muchas veces superan el propio precio del juego en cuestión. En otros casos, son los espectadores los que regalan por medio de plataformas de distribución digital juegos, a veces *indie*, otras no necesariamente, para que el protagonista lo experimente. No se trata de vivir la experiencia del juego a la vez que el jugador, porque muchos miembros de la

---

18 «*It's fun and represents a compelling new social network to connect with friends and fans over a shared love of games. Many broadcasters are making a living on Twitch based solely on how they entertain and interact with their audiences*».

audiencia ya conocen dicho juego. Se trata de contemplar a otro jugador experimentar el producto.

No todos los jugadores son igual de habilidosos, muchos de ellos cometen errores, algunos esperados, y la audiencia lo perdona porque una partida perfecta es aburrida. No lo hacen cuando existe otro objetivo, como la lucha contra el tiempo en las *speedruns*.

7.3 NUEVO ROL CONTEMPORÁNEO: JUGADOR-AUDIENCIA

Tras todo el revuelo que las plataformas como YouTube y después Twitch permitieron, surge el jugador-audiencia. Los espectadores no conforman ya una audiencia estrictamente pasiva, cada vez lo es menos. Interactúan con el jugador, se involucran en la partida y pueden tomar decisiones que determinan el curso de acción del juego. Incluso la elección del juego puede ser debida a la presión o recomendación de una audiencia. Juegos como los mencionados en capítulos anteriores, incluso aquellos dirigidos a un jugador principalmente en el rol de espectador, son *jugados* por varias personas simultáneamente. El argumento se presenta a un público plural, diferente, que recibe la narrativa de una manera distinta, no muy distinto al público del cine, donde el hecho de que hayan visto la misma película no significa que se lleven la misma experiencia.

Ante esta creciente audiencia aparecen juegos con integración en Twitch, donde a la audiencia se le presentan opciones elegidas por votación para generar eventos en la partida, haciéndolos partícipes del juego. Las elecciones son una forma de interactuar con el retransmisor — que por ser tal es fundamentalmente jugador-percutor — alterando el modo en que toma decisiones, incrementando la dificultad o concediéndole ayudas que le permitan alcanzar su meta de una manera más relajada.

✓ *Party Hard* (2015)

En *Party Hard* (2005) — uno de muchos otros juegos — existe una dificultad mayor a la que el propio juego tiene de por sí, la de permitir que los jugadores elijan los eventos que definen el transcurso de la partida. Cada jugador-audiencia tiene su parte de jugador-percutor, pero en lugar de usar ese rol para modificar la partida a sus necesidades, lo hacen con el único fin de entretenimiento. Es otra forma de jugar que devuelve a cada miembro de la audiencia a la época de los juegos de acción/reacción, pero en un entorno comunitario donde todos tienen voz. Todos, como una unidad, votan para definir el destino del personaje que otro maneja.

El jugador-audiencia, en lugar de buscar la experiencia de juego, quiere ver cómo un tercero lo experimenta. Muchos de los partícipes en esa audiencia ya conocen el final de los juegos y quieren ver cómo el jugador construye la experiencia; otros sí buscan la narrativa y quieren recibir una historia donde ellos no tengan que interactuar, como jugador-espectador puro que acepta las decisiones de otro.

7.4 COMUNIDAD DESARROLLADORA

En los años noventa, sobre todo en los juegos de estrategia, los editores de niveles añadían un nuevo nivel de diversión, es decir, una nueva capa de juego al margen del propio de la partida. Por ejemplo, mapas como los hechos para *StarCraft* (1998) eran creados por los propios jugadores con el fin de ponerlo luego en práctica por medio de Battle.net, un servicio gratuito que Blizzard Entertainment proporcionaba a los jugadores de sus productos para jugar en línea. La parte creativa, ahora de los usuarios en lugar de los desarrolladores, conformaba un aspecto del juego, y los usuarios podían ser diseñadores de niveles, jugadores o ambos.

Los niveles diseñados por los jugadores pueden tener un gran impacto en la industria de los videojuegos, según el tipo de juego, hasta el punto de poder ser tomado como un componente necesario sobre el que basar el producto. En los más recientes como *Super Mario Maker* (2015), realmente lo que se vende es un editor de niveles de los diferentes juegos de la serie *Super Mario Bros.* que han existido a lo largo de las décadas, donde según la entrega que se especifique establece las normas y reglas de física y colisiones. En este videojuego los jugadores crean sus propios niveles, y bajo la premisa de que estos deben poder ser resueltos, los comparten en Internet para que otros usuarios los prueben y, si quieren, den su opinión y puntuación. Aquí vemos dos perfiles de jugadores: los que participan creando fases y los que las juegan, esto es, jugadores-productores (que actúan como autores), y jugadores-percutores. El juego de plataformas donde el fontanero italiano debía rescatar a una princesa pierde el componente narrativo. Por motivos de herencia con respecto a la concepción original del juego, estos pueden terminar venciendo a Bowser y recibiendo la recompensa de Peach, pero el objetivo real del juego no es ni la interacción con esos personajes, ni el desarrollo del personaje principal, ni siquiera salvar al reino. Solamente se trata de superar niveles. Se podría decir que los juegos originales de mediados de los ochenta, en especial los de plataformas, podían ser vistos del mismo modo, pero incluso en aquella época se añadía en el manual de instrucciones una pequeña reseña comentando la trama principal, por muy extraña y poco creíble que fuese.

Si la propia comunidad de jugadores es la que realiza los niveles, no es necesario invertir tiempo en desarrollo de niveles, al menos no en una gran cantidad de ellos. Y es la misma comunidad la que da forma al juego y determina qué es necesario que provea en futuras versiones, siempre según sus necesidades e inquietudes. Así se amplía la voz de los usuarios de manera activa, sin encuestas ni sondeos, sino viendo exactamente cómo se comportan y qué requieren. Son los jugadores, pues, los que moldean el producto, le dan forma dando ideas muy buenas y ayudando a corregir los defectos en la jugabilidad.

7.5 RETOS

Un tipo lúdico interno al propio videojuego son los retos o desafíos que se van desbloqueando a medida que se avanza en la partida. A falta de puntuación es una manera de ver qué progreso se ha hecho en términos de aquello que el juego permite hacer pero que no es obligatorio ni necesario para finalizarlo, esto es, todo lo no relacionado con la narrativa. Encontrar un lugar secreto que no tiene trascendencia para la partida, alguna referencia a la cultura popular o atajos son ejemplos de ello, pero a veces también se incluyen como retos las propias metas intermedias del juego.

Esto aumenta la esperanza de vida del videojuego, que ya no es abandonado al llegar al final, sino que reta al jugador a encontrar todos los secretos. Estos son tenidos en cuenta en un registro, generalmente público, y son sinónimo de reconocimiento mostrado a modo de medallas en las páginas de perfil púbico de los jugadores. Para muchos, el obtener todos estos logros es una meta en sí misma.

Antes de que se convirtiese en un fenómeno común, otros videojuegos como la serie *GTA* introdujeron los objetos ocultos repartidos por todo el mapa. Su recolección es voluntaria, pero a la larga eran sinónimo de retribución pues se ofrecían ventajas difíciles de adquirir de otra manera. En *GTA 2* (1999), al recoger cincuenta logotipos se desbloqueaba una misión oculta. En *GTA: Vice City* (2002), las primeras decenas de objetos añadían en algunas residencias donde el personaje principal se alojaba objetos de uso común, como protección o armamento. Estos podían ser encontrados fácilmente a lo largo del mapa, pero a partir de un gran número de ellos, se convertían en objetos no tan frecuentes durante la partida, o escasos para derivar en vehículos especiales. El juego no requiere, ni en la parte narrativa ni en la de exploración y juego libre, que estos objetos sean encontrados, son en sí mismos un minijuego. En entregas como *GTA: San Andreas* (2004) sí incrementaba de sobremanera la facilidad de varias misiones. Existían tres tipos de objetos ocultos (en menor número que en *GTA: Vice City*): herraduras, que aumentaban la suerte del personaje; tomas fotográficas; grafitis en muros que debían ser sobrescritos para ampliar la reputación de la banda; y ostras bajo lagos y ríos, que tras recogerlas servían como entrenamiento de la apnea y alguna que otra mejora en «habilidades sociales».

Los logros que vemos en los juegos más contemporáneos no suelen afectar al juego como sus contrapartidas en las que parecen estar basados, pero incitan al jugador a querer alcanzarlos todos, aunque en general se van obteniendo a medida que se juega sin disponer de la intención para ello, sencillamente sucede, en juegos como *Limbo* (2010) al acceder a áreas aparentemente innecesarias o al terminar la partida sin haber muerto ni una sola vez; o en juegos como *Guacamelee!* (2013) al encontrar algún objeto, conseguir cierta puntuación o al realizar satisfactoriamente algún minijuego.

Los retos están orientados al jugador, no al personaje que maneja, y su repercusión en el mundo virtual del protagonista, en general, no es percibida por él salvo en lo que repercute al jugador.

GLOSARIO

▼ **Adventure Game Interpreter.** Primer analizador sintáctico orientado a aventuras gráficas creado por Sierra On-Line y utilizado por todas sus aventuras gráficas entre 1984 y 1988 hasta que fue sustituido por el SCI.

▼ *first-person shooter.* Género de videojuegos y subgénero de los videojuegos de disparos en los que el jugador observa el mundo desde la perspectiva del personaje protagonista.

▼ **id Tech.** Serie de motores de juego diseñados y desarrollados por id Software. Antes de la presentación del juego *Rage* (2011) que utiliza el id Tech 5, los motores carecían de designación oficial y se denominaban simplemente motores *Doom* y *Quake*, nombres de la serie de juegos principal para la que se habían desarrollado.

▼ *let's play.* Grabación de vídeo de una partida que incluye un comentario del jugador, generalmente espontáneo y sin guion, donde en lugar de ofrecer información imparcial y objetiva, este se centra en su experiencia subjetiva del videojuego reaccionando con los eventos en curso.

▼ **Licencia pública general de GNU.** Licencia de derecho de autor más ampliamente usada en el mundo del *software* libre y código abierto, y garantiza a los usuarios finales (personas, organizaciones, compañías) la libertad de usar, estudiar, compartir (copiar) y modificar el *software*.

▼ **Open Graphics Library.** Especificación estándar que define una interfaz de programación para el desarrollo de programas con gráficos 2D y 3D.

▼ *role-playing video game.* Género de videojuegos que usa elementos de los juegos de rol tradicionales, aunque no es una emulación computacional de estos por completo.

▼ **Script Creation Utility for *Maniac Mansion*.** *Software* a medio camino entre un lenguaje y un motor para videojuegos para aventuras gráficas. Fue creado por Lucasfilm Games (después conocida como LucasArts). Fue el motor de aventuras gráficas más popular en los ochenta y principios de los noventa.

▼ **Simple DirectMedia Layer.** Conjunto de bibliotecas de programación que proporcionan funciones básicas para realizar operaciones de dibujo 2D y gestionar sonido e imágenes.

▼ **Sierra's Creative Interpreter.** Motor de creación de videojuegos desarrollado por Jeff Stephenson para Sierra On-Line, y utilizado por la mayoría de las aventuras gráficas de Sierra desde 1988 hasta 1996. Sustituyó al AGI.

▼ *speedrun.* Competición entre jugadores cuyo objetivo principal es acabar un videojuego lo más rápido posible, generalmente en modo de dificultad máxima. En Internet, existen sitios web consagrados a estos concursos, con registros de los mejores tiempos. Los *speedrunners* utilizan la mayoría de errores del motor del juego, así como fallas para tomar atajos y tardar menos tiempo.

▼ **Steam.** Plataforma de distribución digital, gestión digital de derechos, comunicaciones y servicios multijugador desarrollada por Valve Corporation. Es utilizada tanto por pequeños desarrolladores independientes como grandes corporaciones de *software* para la distribución de videojuegos y material multimedia relacionado.

▼ **Twitch.tv.** (O sencillamente Twitch). Plataforma que ofrece un servicio de retransmisión de vídeo en vivo y que principalmente se enfoca a los videojuegos.

▼ **Unity**. Motor de videojuegos 2D y 3D multiplataforma lanzado en 2005 por Unity Technologies, pero en continuo desarrollo.

ACRÓNIMOS

- **AGI.** *Adventure Game Interpreter.*
- **FPS.** *First-Person Shooter.*
- **GPL.** *GNU General Public License* (*vid.* Licencia pública general de GNU).
- **LP.** *Let's Play.*
- **OpenGL.** *Open Graphics Library.*
- **RPG.** *Role-Playing Game.*
- **SCI.** *Sierra's Creative Interpreter.*
- **SDL.** *Simple DirectMedia Layer.*
- **SCUMM.** *Script Creation Utility for* Maniac Masion.

LUDOGRAFÍA

▼ 3909 LLC (2013). *Papers, please* [Microsoft Windows].

▼ Amanita Design (2009). *Machinarium* [Microsoft Windows].

▼ Amekudzi, M. (1990). *Oxyd* [Atari ST]. Dongleware Verlags GmbH.

▼ Aventuras AD (1989). *El Jabato* [Commodore 64].

▼ Bethesda Game Studios (2002). *The Elder Scrolls III: Morrowind* [Microsoft Windows]. Bethesda Softworks.

▼ Bethesda Game Studios (2006). *The Elder Scrolls IV: Oblivion* [Microsoft Windows]. Bethesda Softworks.

▼ Black Forest Games (2012). *Giana Sisters: Twisted Dreams* [Microsoft Windows].

▼ Blizzard Entertainment (1998). *StarCraft* [Microsoft Windows].

▼ Blizzard Entertainment (1994). *Warcraft: Orcs & Humans* [DOS].

▼ Blizzard North (1996). *Diablo* [Microsoft Windows]. Blizzard Entertainment.

▼ Blizzard North (2000). *Diablo II* [Microsoft Windows]. Blizzard Entertainment.

▼ Brøderbund (1989). *Prince of Persia*. [Apple II].

▼ Campo Santo (2016). *Firewatch* [Microsoft Windows]. Panic.

- Capcom (1987). *Mega Man* [NES/Famicom].
- Creative Reality (1994). *Dreamweb* [DOS]. Empire Interactive.
- Croteam (2015). *The Talos Principle* [Microsoft Windows]. Devolver Digital.
- Delphine Software (1991) *Another World.* [Amiga y Atari ST]. U.S. Gold.
- DrinkBox Studios (2013). *Guacamelee!* [PlayStation 3].
- Hofmeier, R. (2011). *Cart Life* [Microsoft Windows]. Adventure Game Studio.
- Hudson, K. (2013). *The Novelist* [Microsoft Windows]. Orthogonal Games.
- Infocom (1980). *Zork* [TRS-80]. Personal Software.
- Infocom (1985). *A Mind Forever Voyaging* [Amiga].
- Ion Storm (2000). *Deus Ex* [Microsoft Windows]. Eidos Interactive.
- Love Conquers All Games (2010). *Digital: A Love Story* [Microsoft Windows]. Christine Love.
- LucasArts (1998). *Grim Fandango* [Microsoft Windows].
- LucasArts (1991). *Monkey Island 2: LeChuck's Revenge* [DOS].
- LucasArts (1997). *The Curse of Monkey Island* [Microsoft Windows].
- Lucasfilm Games (1987). *Maniac Mansion* [Commodore 64].
- Lucasfilm Games (1989). *Indiana Jones and the Last Crusade: The Graphic Adventure* [DOS].
- Lucasfilm Games (1990). *The Secret of Monkey Island* [DOS].
- Matheas, M., Stern, A. (2005). *Façade* [Microsoft Windows].
- Maxis (2002). *The Sims* [Microsoft Windows]. Electronic Arts.
- Maxis (2004). *The Sims 2* [Microsoft Windows]. Electronic Arts.
- McMillen, E. (2011). *The Binding of Isaac* [Microsoft Windows].
- MiniBoss (2016). *Out There Somewhere* [Microsoft Windows].

- Molleindustria (2009). *Every day the same dream* [Flash].

- Moon Studios (2015). *Ori and the Blind Forest* [Microsoft Windows]. Microsoft Studios.

- Mossmouth, LLC (2009). *Spelunky* [Microsoft Windows].

- Naughty Dog (2016). *Uncharted 4: A Thief's End* [PlayStation 4]. Sony Computer Entertainment.

- Nicalis (2010). *VVVVVV* [Microsoft Windows].

- Nintendo Research and Development 1 (1994). *Super Metroid* [Super NES]. Nintendo.

- Nintendo Research and Development 4 (1985). *Super Mario Bros.* [Nintendo Entertainment System]. Nintendo.

- Palacios, L. S. (1992). *Estación Acuario* [Spectrum].

- Pinokl Games (2015). *Party Hard* [Microsoft Windows]. tinyBuild Games.

- Playdead (2010). *Limbo* [Xbox 360] Microsoft Game Studios.

- Reflections Interactive (1999). *Driver* [PlayStation]. GT Interactive Software.

- Remedy Entertainment (2001). *Max Payne* [Microsoft Windows]. Gathering of Developers.

- Rockstar North (2002). *Grand Theft Auto: Vice City* [PlayStation 2]. Rockstar Games.

- Rockstar North (2004). *Grand Theft Auto: San Andreas* [PlayStation 2]. Rockstar Games.

- Rockstar Studios (2012). *Max Payne 3* [PlayStation 3]. Rockstar Games.

- Sierra On-Line (1986). *Space Quest: The Sarien Encounter* [DOS].

- Sierra On-Line (1989). *Conquests of Camelot: The Search for the Grail* [DOS].

- Sierra On-Line (1990). *Quest for Glory II: Trial by Fire* [DOS].

- Stephenson, M. (1987). *NetHack* [UNIX].

- Studio Pixel (2004). *Cave Story* [Microsoft Windows].
- Traveller's Tales (2005). *Lego Star Wars: The Video Game* [Xbox]. LucasArts.
- Ubisoft Montreal (2007). *Assasin's Creed* [Xbox 360]. Ubisoft.
- Valve (1998). *Half-Life* [Microsoft Windows]. Sierra Studios.
- Valve (1999). *Half-Life: Opposing Force* [Microsoft Windows]. Sierra Studios.
- Valve (2001). *Half-Life: Blue Shift* [Microsoft Windows]. Sierra Studios
- Valve Corporation (2004). *Half-Life 2* [Microsoft Windows].
- Valve Corporation (2007). *Portal* [Microsoft Windows].
- Variable State (2016). *Virginia* [Microsoft Windows]. 505 Games.
- WayForward Technologies (2002). *Shantae* [Game Boy Color]. Capcom.
- Westwood Studios (1992). *Dune II: The Building of a Dynasty* [DOS]. Virgin Interactive.
- Westwood Studios (1995). *Command & Conquer* [DOS]. Virgin Interactive.
- Westwood Studios (1997). *Blade Runner* [Microsoft Windows]. Virgin Interactive.

REFERENCIAS

▼ Chekhov, A. (1999). «The Unknown Chekhov: Stories & Other Writings Hitherto Untranslated». (A. Yarmolinsky, Ed.) Farrar, Straus y Giroux.

▼ Bateman, C. (7 de agosto de 2005). «Diversity in Game Narrative». Recuperado el 23 de diciembre de 2016, de *Only a Game*: <http://onlyagame.typepad.com/only_a_game/2005/08/diversity_in_ga.html>

▼ Despain, W. (2009). «Writing for Video Game Genres: From FPS to RPG». *CRC Press*.

▼ Fine Brothers Entertainment. (14 de diciembre de 2014). «Mega Man (NES) (Teens React: Retro Gaming)». Recuperado el 22 de septiembre de 2016, de *YouTube*: <https://www.youtube.com/watch?v=njzAyjAFCMI>

▼ Gardiner, B. (18 de septiembre de 2007). «Gordon Moore Predicts End of Moore's Law (Again)». Recuperado el 23 de mayo de 2016, de *Wired.com*: <http://www.wired.com/2007/09/idf-gordon-mo-1>

▼ Gwaltney, J. (2013 de abril de 2014). «Glory to Arstorzka, 'Papers, Please' and an interview with its creator». Recuperado el 26 de octubre de 2014, de *Culture MASS*: <http://culturemass.com/2013/04/14/papers-please-and-an-interview-with-its-creator/>

▼ Hofmeier, R. (9 de agosto de 2013). «The Making of: 'Cart Life'». Recuperado el 1 de noviembre de 2014, de *Edge Magazine*: <http://www.edge-online.com/features/the-making-of-cart-life>

▼ Howard, T. (21 de noviembre de 2016). «Q&A: 'Skyrim' Creator Todd Howard Talks Switch, VR nad Why We'll Have to Wait for Another

'Elder Scrolls'». Recuperado el 27 de diciembre de 2016, de *Glixel*: <http://www.glixel.com/interviews/skyrim-creator-todd-howard-talks-switch-vr-and-elder-scrolls-wait-w451761>

▼ Joyce, A. (12 de junio de 2015). «A YouTube built for Games». Recuperado el 3 de octubre de 2015, de *YouTube Official Blog*: <http://youtube-global.blogspot.com.es/2015/06/a-youtube-built-for-gamers.html>

▼ Kimmel, J. (28 de agosto de 2015). «New Video Game Watching Service». Recuperado el 1 de noviembre de 2015, de *YouTube*: <https://www.youtube.com/watch?v=Ji9KmXwrA5Y>

▼ McConnell, E. (25 de agosto de 2015). «ESL Magazine». Recuperado el 14 de enero de 2017, de *ESL Gaming Network*: <https://www.eslgaming.com/news/esl-one-cologne-2015-worlds-biggest-and-most-watched-counter-strike-global-offensive-event-date-2256>

▼ McGonigal, J. (2012). «Reality is Broken: Why Games Make Us Better and how They Can Change the World». Londres: *Vintage*.

▼ Perdecini, P. (21 de diciembre de 2009). «Every Day the Same Dream». Recuperado el 26 de octubre de 2014, de *Experimental Gameplay Project*: <http://experimentalgameplay.com/blog/2009/12/every-day-the-same-dream/>

▼ Schreiber, I. (30 de julio de 2009). «Level 10: Nonlinear Storytelling». Recuperado el 23 de diciembre de 2016, de *Game Design Concepts*. [Contenido publicado bajo la licencia Creative Commons Reconocimiento 3.0 EE.UU. <https://creativecommons.org/licenses/by/3.0/us/legalcode>]: <https://gamedesignconcepts.wordpress.com/2009/07/30/level-10-nonlinear-storytelling/>

▼ Skolnick, E. (2014). «Techniques, Video Game Storytelling: What Every Developer Needs to Know About Narrative». New York: *Watson-Guptill Publications*.

▼ Stuart, K. (6 de agosto de 2012). «EA v 'Zynga': is there a case?» Recuperado el 30 de enero de 2017, de *The Guardian*: <https://www.theguardian.com/technology/gamesblog/2012/aug/06/ea-v-zynga-lawsuit-sims-social-ville>

ÍNDICE ALFABÉTICO

Símbolos

80 Days, 56

A

Alter Ego, 101
A Mind Forever Voyaging, 46, 47, 133
Another World, 81, 84
Assasin's Creed, 57, 81, 84

B

Battlefield, 154
BioShock Infinite, 36
Blade Runner, 17, 28, 35, 57, 62
Blue Shift, 14, 72

C

Call of Duty, 76
Cart Life, 126, 137, 139, 140, 141, 148
Castlevania, 69, 84
Castlevania II, 69
Cave Story, 83, 87
Colossal Cave Adventure, 47
Command & Conquer, 58, 88, 91
Conquests of Camelot, 57
Counter-Strike, 154, 158

D

Deus Ex, 26, 73, 74, 77, 78
Diablo, 17, 105, 110, 111, 118
Digital, 143, 144, 145
Doom, 14, 71, 73, 153
Dreamweb, 64
Driver, 103
Duke Nukem 3D, 71
Dune II, 58, 88, 89, 91, 92

E

El Jabato, 55
Estación Acuario, 54
Every day the same dream, 141, 142

F

Façade, 41, 149, 150, 151
Firewatch, 119, 120, 121, 126, 151

G

Ghosts 'n Goblins, 82
Giana Sisters, 81, 84
Grim Fandango, 59, 65
GTA
    Grand Theft Auto, 17, 27, 57, 103, 104, 129, 133, 155, 162
Guacamelee!, 27, 163

H

Half-Life, 14, 26, 71, 72, 73, 76, 77, 78, 80, 129, 153, 154
Half-Life 2, 72, 73, 75

I

Indiana Jones and the Fate of Atlantis, 62, 66
Indiana Jones and the Last Crusade, 13, 62

L

La diosa de Cozumel, 55
L. A. Noir, 28
Lego Star Wars, 88
Lemmings, 93
Limbo, 81, 82, 163

M

Machinarium, 98, 99
Maniac Mansion, 12, 61
Mario Kart, 104
Max Payne, 26, 31, 59, 129
Maze Wars, 14
Medal of Honor, 80
Mega Man, 27, 31, 59, 66, 81, 84
Metroid, 81, 82, 83, 84
Minecraft, 17
Monkey Island 2, 60, 61
Morrowind, 108, 109, 113
Myst, 38
Mystery House, 12

N

Need for Speed, 102
NetHack, 17, 93, 108, 116, 117, 118, 132

O

Oblivion, 29, 32, 37, 74, 79, 108, 109, 113
Opposing Force, 14, 72

Ori and the Blind Forest, 27, 85
Out There Somewhere, 87
Oxyd, 93, 97

P

Papers, Please, 134, 135, 136, 137
Portal, 73, 93, 94, 96, 97
Prince of Persia, 58, 81, 84, 85, 86

Q

Quake, 153, 154, 155
Quest for Glory, 57
Quest for Glory II, 60

R

Rogue, 117

S

Sacred, 27, 43
Shantae, 87
Skyrim, 107
Sokoban, 93
Space Quest, 59
Spelunky, 132, 157
StarCraft, 88, 89, 90, 92, 158, 161
Stunts, 104
Super Mario Bros, 81, 161
Super Mario Maker, 161
Super Meat Boy, 27, 59

T

Team Fortress, 155
Teleglitch, 16
Tetris, 93, 97
The Binding of Isaac, 117, 118
The Curse of Monkey Island, 13, 58
The Legend of Zelda, 118
The Novelist, 146, 147, 149
The Republia Times, 136
The Secret of Monkey Island, 13, 28, 58, 60, 62, 96, 97
The Sims, 100, 101, 102, 133

The Sims 2, 100, 102
The Talos Principle, 93, 94, 96, 97

U
Uncharted, 28
Uncharted 4, 33, 66, 67, 68, 69

V
Vice City, 27
Virginia, 119, 121, 122
VVVVVV, 85

W
Warcraft, 88
Wolfenstein 3D, 14
World of Warcraft, 158

X
XIII, 28

Z
Zork, 46, 47, 48

www.ingramcontent.com/pod-product-compliance
Lightning Source LLC
Chambersburg PA
CBHW081203240426
43669CB00039B/2790